Bernhard Becker

Das Familienleben in der Fabrikindustrie

Bernhard Becker

Das Familienleben in der Fabrikindustrie

ISBN/EAN: 9783743300460

Hergestellt in Europa, USA, Kanada, Australien, Japan

Cover: Foto ©ninafisch / pixelio.de

Manufactured and distributed by brebook publishing software (www.brebook.com)

Bernhard Becker

Das Familienleben in der Fabrikindustrie

Das Familienleben in der Fabrikindustrie.

Von

Dr. Bernhard Becker,
Pfarrer in Linththal.

Glarus,
gedruckt bei Frid. Schmid, jun.
1862.

Die gemeinnützige Gesellschaft des Kantons Glarus hat sich in einer ihrer letzten Sitzungen mit dem Familienleben der Fabrikarbeiter beschäftigt. Sie ist nämlich der Meinung, daß hier einer der bösesten Schäden der Fabrikindustrie liege, und daß überhaupt dem Volksleben von einem veredelten Familienleben aus die beste Hülfe komme. Ein Vortrag, den der Unterzeichnete gehalten, sollte auf den Wunsch der Gesellschaft zu einem kleinen Schriftchen umgearbeitet werden, indem sie glaubt, daß ein Wort der Belehrung auch ein Mittel sei, vorhandenen Uebelständen abzuhelfen und Gutes zu befördern, ein Mittel, das überdieß ihr ganz wohl anstehe.

Es sind vielleicht solche, wie man bisweilen so verbitterte Gemüther antrifft, die da meinen: die gemeinnützige Gesellschaft hat gut über das Familienleben der Fabrikarbeiter reden und Schriften verbreiten! Wenn wir im Gasthaus auf „Erlen" zusammen sitzen könnten, brächten wir vielleicht auch noch ein vernünftiges Wort zusammen, oder gar ein Stück Familienleben selber. Denen will ich bemerken, daß es sich hier zunächst nicht um Geld und Gut handelt. Man kann zu arm sein; ich will es nicht leugnen. Aber Diejenigen, welche wirklich zu arm sind, denen es beim redlichsten Willen fehlt, ein irgend erträgliches Dasein zu Stande zu bringen, murren in der Regel am wenigsten. Die Murrer sind meistens Leute, die es besser haben könnten, wenn sie wollten. Ja ich will es hier gleich an den Anfang setzen: wenn wir treu sind, wenn wir recht wollen, wenn wir arbeiten und zum Erarbeiteten Sorge tragen, Sinn für Ordnung und Häuslichkeit haben, so braucht es gar nicht vieler Künste, um ein ordentliches Familienleben zu Stande zu bringen, so ist es heutzutage geradezu vielen möglich, ein solches Familienleben zu führen. Es gilt auch hier das Wort: „Trachtet am ersten nach dem Reich Gottes und nach seiner Gerechtigkeit; so wird euch solches alles zufallen." Ich bemerke nämlich zum Voraus, daß ich nicht von den Fabrikarbeitern großer Städte oder ferner Länder rede, die ich geradezu nicht kenne. Ich rede nur von schweizerischer, ja vielleicht nur von glarnerischer Fabrikindustrie, die das Bild des Jammers nicht zeigt, das uns aus den Schilderungen der Industrie großer Städte oft entgegen tritt. Was sodann die Herren der gemeinnützigen Gesellschaft anbetrifft, die auf „Erlen" zusammen kommen, so sind allerdings prächtige Herren darunter, aber auch Götter mindern Ranges. Z. B. weiß Jedermann, daß der Schreiber dieses, der ja wegen seines vorlauten Wesens am meisten zu belangen wäre, nicht hinter Wein und Braten nur so zur Verdauung über das Wohl der ärmern Leute nachdenkt. Ja wenn ich euch ihr Hausväter ermahne, auf euere Kinder, als euer bestes Gut, Acht zu haben, selbst wo ihr's könnt bei euerer Arbeit, so wißt nur, daß mir selber in dieser Beziehung auch keine zahlreiche Dienerschaft zu Gebote steht. Während ich diesen Satz schreibe, habe ich noch ein Auge offen für ein Paar Kinder, die in meiner Nähe spielen. Aber dafür segnet mich Gott auf der Stelle wieder, indem er mir Gedanken in's Herz gibt, die ich auf einsamer, feierlich tapezierter Studierstube nicht gefunden hätte und die ich gleich wieder für andere nutzbar machen kann. So vergilt einem Gott das Gute, das man thut sonderlich an seinen Kindern, auf der Stelle wieder. Nehmt daher mein Wort nur gern an!

Eine zweite Bemerkung. Es haben vielleicht schon Leser gedacht und denken wieder: Man wisse bei mir nicht recht, woran man mit mir sei. Ich mache oft mitten in die ernsthafteste Sache hinein wieder plötzlich einen Scherz. Darüber will ich mich für ein= und allemal erklären. Wenn ich lange über eine Sache nachgedacht, ernst werde, traurig, daß mir ist, das ganze Glarnerland liege im Argen; dann wird es mir auf einmal wieder: aber Pfarrer, geh' du doch hübsch deines Weges, nach Schwanden, oder wo du sonst hin mußt und zerbrich dir nicht gar den Kopf, als müßtest du das alles zurecht machen, es wird schon einer dafür sorgen! Und dann gehe ich wieder weiter und es ist mir, wenn der Himmel blau ist und die Bergspitzen so rein: ich möchte über die Bergspitzen schreiten und nicht mehr die Erde berühren, und die Menschen, die so gewichtig durch die Welt schreiten, oder so hastig durch die Straßen trippeln, als müßten sie heute alle Geschäfte abmachen, kommen mir vor so klein, daß mir ist, wir seien alle nur Staub, ein klein Weilchen von Gott auf die Erde gesetzt, daß wir sie anschauen und dann wieder gehen. In diesem Sinne wünschte ich auch, daß euch dieses Büchlein so ein Aufblick würde, ein Augen= blick des Ausruhens, wenn ihr lange gearbeitet und euch ge= müht und es doch nicht vorwärts will, euch, die ihr mit mir ringet und suchet; für die Leichtsinnigen und Schlechten, denen es nie um eine Sache Ernst ist, schreibe ich nicht und scherze ich nicht. Solche Augenblicke schwächen nicht, daß man etwa das angefangene Werk fallen ließe. Nein, man verathmet nur, gießt nur etwas Oel auf die Maschine. Man muß zuweilen ausspannen. Man nimmt das Werk dann wieder ein ander= mal auf und so fügt sich doch Ring an Ring und zuletzt wird aus unserm Leben doch ein Kettlein.

Also das Familienleben leide Schaden, namentlich soll es Schaden leiden bei uns Armen. Die Reichen sind noch besser daran. Wir haben eben nichts von einander zu erwarten und sind sonst die Ungeschicktern und Ungebildetern. Wegen des Erwartens hängt man oft so treulich zusammen und kennt einander bis in's vierte und fünfte Geschlecht. Wir Armen lassen einander fahren, weil wir doch nichts von einander bekommen. Was hat man doch so von einem armen Vetter, von einer armen Bäse! Wir sind verthiert; wir kennen nur noch Geld und Gut.

I.

Woher kommt es, daß das Familienleben so auseinander fährt?

Das hat verschiedene Gründe. Ein Pfarrer hatte den Brauch, in seiner Unterweisung den Kindern zu sagen: Gott habe fünf Eigenschaften. Ich möchte nicht einmal bei dem Familienleben der Fabrikindustrie so bestimmt sagen, das habe so und so viel Gründe. Eine Klasse dieser Gründe möchte ich natürliche nennen, weil du und ich nicht viel daran gemacht haben. Es ist die ganz veränderte Zeit, die Zeit mit ihrer größern Menschenmasse und den größern Verbindungen unter ihr, mit den neuen Arbeiten und Beschäftigungen, die man jetzt treibt, mit den Entdeckungen und Erfindungen, die gemacht werden, mit dem Fortschreiten der Länder- und Völkerkunde überhaupt.

Vor einigen hundert Jahren waren an manchem Orte dreißig Familien, wo jetzt dreihundert sind. Diese dreißig Familien, zerstreut in der ganzen Gemeinde konnten weit auseinander wohnen. Sie kamen nicht alle Tage zusammen. Die Kinder mußten nicht zusammen sitzen in der Schule, die Erwachsenen nicht dreizehn und vierzehn Stunden in den Spinnereien sein. Es gab nicht jeden Steinwurf weit ein Wirthshaus, daß man beim Schoppen sitzen und disputiren konnte. Es gab nicht so viel Tagwens- und Gemeindsgeschäfte, daß sich jeden Augenblick die Gemeinde zu versammeln hatte, eine Rechnung anzuhören, Brodschauer und beeidigte Holzklobner zu wählen. Auch mußte man wegen Eisenbahnen nicht mitten im

Winter Landsgemeinde halten. Vereine und Gesellschaften gab es nicht viele. Der gemeinsame Gottesdienst in der eigenen oder in der Nachbarsgemeinde war gewiß für viele die einzige Versammlung des ganzen Jahres.

Da waren also die Familien mehr auf sich allein, auf ihr Haus, auf ihren Hof angewiesen in guten und bösen Tagen. Denn auch am bösen Tage konnte man nicht aus dem Fenster dem Nachbar rufen. Der Nachbar wohnte ziemlich weit weg. So war das Familienleben in sich kräftiger und die Verwandtschaften hingen inniger an einander, weil man nicht so viel Verwandte hatte. Die Verwandten waren noch zu zählen; man konnte sie überblicken. Jetzt hat man Verwandte in der ganzen Welt.

Die Familie ist in unsern Tagen lockerer geworden, weil man mit zu v i e l e n Menschen bekannt und vertraut ist, weil man zu viele liebt. Ich will nicht sagen, die Liebe, die ich zu einem Freunde habe, gehe der Frau verloren, oder wer sich eines verlassenen Kindes annehme, dessen eigene Kinder hätten es zu entgelten. Nein, das Herz ist kein Stein oder Holz, daß wenn man etwas davon nimmt, es um so kleiner wird. Es wird oft nur größer, mit um so mehreren man es theilt. Aber wenn wir so viel Menschen mit unserer Liebe umfassen, wenn wir uns um so vieles bekümmern, so geht doch von dem engern, besondern Interesse an unserer Familie etwas verloren; wir verallgemeinern uns, und dieß kann nicht geschehen, ohne daß man gegen das Besondere etwas gleichgültiger und schwächer wird.

Unsere Zeit hat größere und leichtere Verbindungsmittel. In jener alten Zeit konnte man sich nicht so leicht von seinem Hause und seiner Familie entfernen. Es waren nicht überallhin Straßen und Eisenbahnen, daß man in zwei Stunden die halbe Welt bereisen, und das Bündeli Streue, das man vorräthig hatte, auf der Eisenbahn einem Geschäftsfreunde in der Fremde schicken konnte.

Jetzt sind andere Arbeiten und Beschäftigungen aufgekommen. Damals bearbeitete jeder mit seiner Haushaltung sein Stück Boden oder trieb sein ehrbares Handwerk oder seinen Handel, der viel familiärer und einfacher war, als er es heutzutage ist; oder man bekleidete sein Amt, wie der Vorgänger es auch bekleidet hatte. Höchstens vereinigte man sich zu einem Fahrweg oder einem Stück Wuhr an einer gefährlichen Stelle, oder um einen gemeinsamen Brunnen zu errichten. Jetzt arbeitet man täglich haufenweise zusammen und verbindet sich in guter und schlechter Weise zu einer gleichförmigen Masse.

Wir wissen gar viel. Vor Alters wußte man auf einem einsamen Bauernhof, in einer anständigen Handwerkerfamilie nicht so viel. Man kannte seine Familie und seine Verwandtschaft; aber diese dann gut. Man konnte die Verwandten an den Fingern aufzählen bis in alle Grade hinein. Die alten Leute kennen die Verwandtschaften jetzt noch besser, als wir aus der neuern Zeit, die wir Zeitungen lesen. Höher als bis zu den Großeltern hinauf geht's bei uns selten. Das Familien- und verwandtschaftliche Leben ist bei uns lockerer geworden, weil wir Heiden und Türken, Weiße und Schwarze in unsern Köpfen herumtragen müssen.

Ich will nun gar nicht sagen, daß dieses Alte das Ideal sei, und unser Familienleben das Schlechte. Es gab ein Familienleben, da man jeden, der sich dem Hause näherte, als Feind hielt. Es gab Häuser, wenn ein Fremder oder nur ein entfernter Nachbar sich ihnen näherte, krochen die Kinder wie Katzen in das Kamin hinauf. Einen solchen ursprünglichen Zustand wollen wir nicht. Diese Naturwüchsigkeit soll hoffentlich vor einer edlen Menschenbildung den Kürzern ziehen. Wir müssen reicher werden, als unsere Altvordern waren; wir müssen Weltbürger werden und dabei ein festes und schönes Familienleben haben.

Eine zweite Classe von Ursachen, welche den Zerfall des heutigen Familienlebens verschulden, möchte ich irrthümliche nennen. Man sieht, daß der Zug der Zeit dahin geht, zu verallgemeinern, alles Einzelne, Besondere, Eigenthümliche auszulöschen. Da meint man denn: was so fortgehe, sei das Rechte; das sei die Bestimmung, in dieser Richtung fortzuschreiten bis zum Letzten, bis man nicht mehr weiter könne, z. B. bis alle Menschen einer dem andern gleich sei, nur noch mit dem Unterschiede, daß der eine eine Manns-, der andere eine Weibsperson, wobei es dann auch ganz gleichgültig wäre, ob ich gerade an dieses oder an jenes Weibsbild geriethe, indem ja eines wie das andere. Es heißt das so viel, als wenn es etwas Schlechtes gebe, so sei's recht, wenn's nur immer so fortgehe, bis das Allerschlechteste da sei.

Außer dieser Richtung der Zeit, die auch bessere Menschen leicht besticht, so daß auch sie meinen, da könne man eben nichts daran machen, das müsse man so gehen lassen, da könne man höchstens zusehen, obschon Niemand Anders die Zeit macht als die Menschen — was Gottes Sache dabei ist, da greife ich nicht hinein — also außer dieser Richtung der Zeit gibt es dann noch ungeschickte Leute, die das geradezu sagen: das sei das Rechte. Das sind die Allerweltschwärmer, welche die Millionen umschlingen möchten, und die Paar Seelen, die den ersten und begründetesten Anspruch auf sie haben, die Paar Seelen, die sonst Niemand außer ihnen besorgt, weil sie an den Ihrigen die natürlichen und von Gott gegebenen Versorger haben, vernachlässigen. Das sind die Allerweltschwärmer, die in weite Fernen, in großem Umfange die Menschen bessern möchten, und das eigene Fleisch, das sie zuerst zu züchtigen hätten, ungehindert schalten lassen.

Menschen sollen wir werden, aber nicht farblose, graue, allgemeine Menschen, sondern Menschen mit einem besondern Namen, Stand, Beruf, Land, Volk. Aus solchen Menschen mit Farbe, Eigenthümlichkeit, einem Familien-, Gemeinde- und Landesgepräge gibt es dann eine tüchtige Menschheit; das andere gäbe einen farblosen Brei. Das hat uns Gott deutlich vor Augen gestellt. Wenn er nur Allerweltsmenschen hätte wollen, so hätte er eine ganz andere Erde machen müssen, nicht hier gebirgig und dort eben, hier heiß und dort kalt, hier Land und dort Wasser, sondern eine ebene Allmeinde, auf der man jedem sein Stück Pflanzboden viereckig mit der Schnur hätte ausmessen können. Die Blutsbande, die Familienbande, die Verwandtschaftsbande, die Landesbande müssen wieder fester angezogen werden. Man muß es uns anfühlen, daß wir zu Einem Gemeinwesen gehören. Wie schlimm, wo man nicht mehr weiß, aus welchem Winkel der Erde wir sind! Helfen, in Noth und Gefahr zu den schwersten Opfern bereit sein, sollen wir jedem Menschen. Er ist ein Mensch; das soll uns genügen. Aber wenn wir in den übrigen Verhältnissen des Lebens Stammgenossen treffen, wenn wir in Amerika Schweizer treffen, da soll uns das Herz höher schlagen und wenn Verwandte darunter sind, da sollen wir ihnen an's Herz fallen, sonst sind wir abgestandene Menschen, Menschen, die Niemand mehr recht lieben, auch den Fremden nicht. Natur ist Natur. Man muß die Natur nicht auf den Kopf stellen, sondern nur veredeln. Was in der Natur zu oberst steht, das auch mit Bewußtsein zu oberst stellen wollen, das ist rechte Weisheit. Das andere ist ein sich Bereden und Belügen.

Die Menschheit ist ein Organismus, ein Kunstwerk. Es ist nicht ein Mensch was der andere. Das Kind kann man neben das Kind, den Jüngling neben den Jüngling, den Mann neben den Mann stellen, aber nicht den Jüngling neben den Hausvater. Ein Familienhaupt ist etwas anderes als ein bloßes Glied der Familie. Das ist nur ein Zahn im Rad. Der Hausvater mit der Familie bildet ein Rad. Die ganze Menschheit besteht aus lauter Kreisen, einer größer als der andere. Den Grund- und Fundamentalkreis bildet die Familie. Man sollte nie sagen: eine Gemeinde besteht aus so und so viel Personen. Allenfalls aus Neugierde könnte man auch einmal die Personen zählen. Eine Gemeinde besteht aus so und so viel Familien. In Gemeinde- und Staatssachen sollen auch nie die einzelnen männlichen Personen stimmen, sondern immer nur die Familienhäupter. Und wenn dann auch der erwachsene Sohn z. B. in Kriegszeiten die schwersten Opfer zu tragen hat, ohne die Rechte eines Hausvaters zu besitzen: er soll sein schönstes Recht darin erblicken, dem Wohle des Hauses, dem Wohle des Ganzen zu dienen. Das gäbe der Familie auch wieder ein Ansehen und stellte das Haus als ein einiges hin, während es jetzt durch die Ausübung der politischen Rechte oft ein buntes Wirrwar wird. Die Familie ist ein Kreis, ein Rad für sich. Das greift aber mit seinen Zähnen in andere Familien, in andere Räder ein, und eine solche Anzahl durch Abstammung und Oertlichkeit verbundener Familien bilden die Gemeinde, viele solcher Gemeinden den Staat, d. h. den ursprünglichen, natürlichen Staat, der innerhalb natürlicher Gränzen wohnt, die gleiche Sprache spricht, die gleiche Religion hat. Die neuern Staaten sind größtentheils künstliche Erzeugnisse, im Verlauf der Zeit durch Krieg, Erbschaften, Verträge, Bündnisse geworden, was sie sind.

Eine dritte Klasse von Ursachen nenne ich sündliche. Man will sich nicht als dienendes Glied dem Ganzen unterordnen. Die selbstsüchtige Empörung des Einzelnen wider das Ganze, die übertriebene Geltendmachung des Individuums gegenüber der Gemeinschaft ist eine hauptsächliche Ursache des Zerfalles nicht bloß des Familienlebens, sondern auch andern Lebens. Der Einzelne soll zur ganzen Ausbildung und Entwicklung aller seiner Kräfte gelangen, aber nur zum Dienste des Ganzen; er kann es auch nur durch das Ganze. In der Familie soll sich der Einzelne nur als Glied der Familie betrachten. Söhne und Töchter wollen sich nicht mehr der gemeinsamen Hausordnung und Hauszucht unterwerfen. Sie betrachten sich als mit Vater und Mutter auf einer Linie stehend, ja wenn sie, wie es oft bei der Fabrikbevölkerung vorkommt, den größern Baarverdienst in's Haus bringen, betrachten sie sich als die Hauptsache, als Brodkorb des Hauses, Vater und Mutter fast übergeordnet. Was die Mutter als Haushälterin, Schaffnerin und Erzieherin thut, gilt für nichts, weil es kein baares Geld abwirft. Der Glaube, daß es göttliche Ordnungen gebe, denen sich der Mensch zu unterwerfen habe, die über ihm stehen, über die er nicht disputiren könne, und daß das fünfte Gebot eine solche göttliche Ordnung sei, dieser Glaube ist gewichen und eine andere Erfindung, die diesen Glauben ersetzte, ist bis jetzt noch keine gemacht worden. Nur der Gedanke: es möchte zweckmäßig sein, den Eltern zu gehorchen, den Eltern sich unterzuordnen, es könnte Vortheil und Gewinn, Achtung und ein gutes Gewissen zuwege bringen, verfängt nicht. Denn sollte ich nicht Meister sein, mit dem Meinen zu schalten wie ich will, auch etwa einmal das Unzweckmäßige, das Ungeschickte zu thun? Nur der Glaube: **es gibt einen Gott, der will es so, der hat es so geordnet, thue ich es nicht, so bin ich wider Gott**, nur dieser Glaube bringt das rechte Verhältniß der Kinder zu den Eltern, das rechte Gehorchen und Thun der Kinder zu Stande.

Eine weitere sündliche Ursache ist der **Materialismus**. Geld, das rohe Geld ist der Gott dieser Welt. Geld regiert. Der Idealismus ist aus allen Verhältnissen verschwunden. **Es will Niemand mehr arm sein.** In Kirche und Schule ist das geradezu das Hauptübel. Eine schöne solide Stellung, das ist das oberste. Das mag sehr gescheidt sein, das mag sehr praktisch sein, aber es tödtet die Welt, es löscht alles Edle aus. Die Armuth Jesu Christi, das fröhliche Dahingeben, das fröhliche Verachten des irdischen Gutes, das reine

und ungetheilte Aufschauen zum Idealen, das sich gar nicht
kümmern um irdisches Gut, um irdische Freude, um irdisches
Glück, das und das allein bringt Großes und Erhabenes hervor.
Das andere gibt ein Krämerleben, ein poesieloses, thatenloses
Leben, Blei. Das Ideale ist das Licht, ist das Leben, die
Sonne des Lebens. Das Geld zerstört das Familienleben.
Warum verlassen so viel Kinder ihre Eltern? Sie meinen,
ihren Vortheil dabei zu finden. Warum halten die Reichen
noch fester zusammen? Es ist unter vielen ächte Religiö-
sität, edle Bildung. Wir Aermern sind nicht bloß die
ärmern an Geld, wir sind es auch oft an Bildung, an Glauben. Es ist gar viel trotziges, freudloses, böses Wesen unter
uns. Aber die Reichen hangen auch inniger unter einander
zusammen, weil es zu erben gibt. Warum fallen so viele
Familien auseinander, gehen Gatte und Gattin ihre eigenen
Wege, will es nie zu einem innigen, traulichen Leben kommen,
daß es einem auch wohl ist und man gerne daheim bleibt?
Weil wir nur mit Geld und Gut zu Rath gegangen sind und
nicht mit Fleisch und Blut. Von Gott sage ich nichts; denn
wer Geld heirathet, der meint, das sei mit Gott zu Rathe
gegangen; wer Liebe heirathe, sei ein Narr.

II.

Den Zerfall des Familienlebens findet man insbesondere bei der Fabrikbevölkerung.

Warum findet man diesen Zerfall besonders bei der Fabrikbevölkerung? Für's erste hängt sich der Fabrikindustrie manches an, das nicht nothwendig zu ihr gehörte; für's andere hat sie in der That eigenthümliche Gefahren.

Es hängt sich ihr mancherlei an, das nicht eigentlich zu ihr gehörte, für das sie nicht verantwortlich ist. Wo Fabrikbevölkerung ist, da ist die ganze arme Bevölkerung mit eingeschlossen. Fabrikarbeiter und arme Leute sind nicht das gleiche. In dieser Beziehung kann man gerade umgekehrt von der Fabrikindustrie sagen, daß sie zur Förderung des Familienlebens manches beitrage. Sie hat aus manchem armen Hause die Armuth verdrängt, hat in manches ein ordentliches Eigenthum gebracht und damit Ordnung, Liebe und Freude am Leben, eine menschenwürdige Existenz; manche Blüthe an Geist und Gemüth, die auf dem Boden der Dürftigkeit nicht gewachsen wäre, ist in einem solchen ordentlichen Haushalte aufgesproßt. Manches schlechte verlotterte Häuschen ist neu aufgerüstet, die Dörfer sind ordentlicher und reinlicher geworden, haben ein freundlicheres Aussehen bekommen. Die der Fabrikindustrie eigenthümlichen Anstalten, Sparkassen, Krankenkassen, Wittwen-, Waisen- und Alterskassen haben ihre wohlthätigen Wirkungen auch auf das häusliche Leben geäußert, indem man diesen ordnungsliebenden, vorsorgenden, haushälterischen Sinn auch auf die häuslichen Verhältnisse anwendete.

Die Fabrikarbeiter sind nicht immer die ärmsten Leute. In mancher glarnerischen Gemeinde, und ich denke, es ist so weiter herum, gehören brave Fabrikarbeiterfamilien, die ihr eigenes Haus, ordentlichen Hausrath, ihren Pflanzboden, ihre Erspar= nisse haben, in jeder Beziehung zu den bessern Bürgern. Wenn ein deutscher Schriftsteller Riehl behauptet, bei der Fabrik= bevölkerung sei gar kein Familienleben möglich, so könnte man ihn in manches schweizerische Haus von Fabrikarbeitern führen, daß er das Familienleben mit Händen greifen könnte. Wenn die Hausmutter daheim ist und mit sorglichem Sinn die Ge= schäfte des Hauses verrichtet, die Kinder pflegt und der Vater und ein paar erwachsene und halberwachsene Kinder zur Arbeit in ein Fabriketablissement ausgehen, und am Abend zur rechten Zeit wieder zurück sind, daß man in bessern Jahreszeiten noch etwas im Freien auf dem eigenen oder Gemeindeboden thun kann und in Winterabenden etwas lesen und singen: so sehe ich in der That nicht ein, was da für ein Unterschied sein soll, ob der Fabrikarbeiter in ein Fabriketablissement geht, oder der Post= kommis auf die Post, der Schreiber in die Schreibstube, der Sensal zu den Schuldnern oder der Pfarrherr und der Arzt zu den Kranken und Armen, und am Abend zu ihren Frauen und Kindern zurückkehren. Ueberhaupt kommt auf die Schei= dung Kaufleute, Fabrikherren, Fabrikarbeiter, Handwerker, Pfarrherren nicht soviel an. Die Scheidung, auf welche es ankommt, ist die in Schlechte und Rechte, Fleißige und Lieder= liche, Ehrenmänner und Gesindel. Es gibt unter allen Stän= den allerhand Volk, und Familienleben z. B. läßt sich auch unter der Fabrikbevölkerung, wenn alle übrigen Verhältnisse ge= sund und in der Ordnung sind, herstellen, wie unter andern Ständen, wenn das Zeug dazu da ist, und fehlt es an diesem Zeug, so gibt es auch in den größten Herrenhäusern kein Familienleben. Die Fabrikarbeiter als solche sind nicht die ärmsten Leute. Aber wo Fabrikindustrie ist, da ist die arme

Bevölkerung derselben Gegend auch dabei. Wer zu nichts mehr Geld hat, der ist wenigstens noch reich genug, um in die Fabrike zu gehen. Viele von den Uebelständen, die man bei der Fabrikindustrie trifft, fallen nicht auf sie, sondern auf die Armuth, auf die Armuth, bei der Unordnung, Unreinlichkeit, schlechtes Haushalten, Freudlosigkeit, Glaubenslosigkeit vorkommt.

Bei der Fabrikbevölkerung ist nicht blos die ärmste Bevölkerung dabei, sondern auch die leichteste in anderer Beziehung, die leichteste in Beziehung auf körperliche Kraft und Gesundheit, auf körperliche Tüchtigkeit, besonders aber auch die leichteste in sittlicher Beziehung. Dem Stande nach sind die Fabrikarbeiter ein so ehrenwerther Theil der Bevölkerung als ein anderer. Aber nachlaufen, mitlaufen lassen müssen sie auch je die geringste und schlechteste Waare. Die Fabrikherren brauchen viel Hände und sind nicht alle sehr wählerisch, wie sogar wir, die wir nur wenige Taglöhner brauchen, oft wenig wählerisch verfahren, wenig sittlichen Unterschied machen. Auch ist manche Arbeit bei der Fabrikindustrie der Art, daß man unwillkürlich denken muß: für die ist allerhand Volk gut genug! Viele Fabrikherren halten es in diesem Stück mit Macchiavelli, der in Hinsicht auf den Staat meinte: man brauche zum Mauern auch Schlamm. Nur daß sie noch eher zu entschuldigen sind, indem sie keinen sittlichen Organismus wie der Staat einer sein soll, herstellen wollen, sondern nur Brod geben. Die höhere Auffassung, daß auch eine Fabrikbevölkerung mit ihrem Herrn an der Spitze ein sittlicher Organismus sein soll, ist nämlich noch nicht die allgemeine; wir hoffen aber, daß sie immer mehr die allgemeine werde und die bloße Brodansicht verdränge. Jetzt ist sie noch nicht allgemein. Ja sie glauben, damit sogar etwas Gutes zu thun. Brod verschaffen solle man auch den schlechtesten; leben lassen müsse man auch die geringsten Subjekte. Wir seien eben auf Erden nicht Gott und göttliche Gerechtigkeit, sondern nur selber irrthumsfähige sündliche Menschen, die auch der Barmherzigkeit bedürfen und die letzte Scheidung zwischen Gut und Bös stehe einem andern zu, der allein recht richtet. Daß sie presthafte Menschen, zurückgebliebene, verkümmerte Menschen, die daneben nicht viel arbeiten könnten, keinen Verdienst fänden, aufnehmen, ist etwas Gutes, und wo sie es absichtlich und mit Wohlwollen thun, ist es ihnen sehr zu verdanken. Durch diesen Schwanz, der sich der Fabrikindustrie anhängt, wird die Industriebevölkerung verdunkelt und man ladet ihr auf, was nur dieser dunkle Nachtrab allein verschuldet.

Die Fabrikindustrie hat, das Familienleben geradezu fördernde Elemente und nicht alle Uebel, die man gerade auch in dieser Beziehung unter der Fabrikbevölkerung findet, sind der Fabrikindustrie als solcher eigenthümlich. Denn wenn wir uns z. B. in unserm Glarnerland ohne Fabrikindustrie so vermehrt hätten wie wir uns jetzt vermehrt haben, wäre wahrscheinlich im Familienleben der ärmern Gemeinden auch nicht alles rosig. Man wird sagen: ohne Fabrikindustrie hätten wir uns nicht so vermehrt. Ich glaube auch, daß es in diesem Umfange nicht geschehen wäre. Aber vermehrt hätten wir uns doch. Sie haben sich in Gegenden unsers Landes, wo keine Industrie war, z. B. in Matt und Engi auch vermehrt, so sehr, daß ich nicht wüßte, wie man es mit Industrie besser anfangen könnte, und so mag das an vielen Orten der Fall gewesen sein. Nicht die Industrie allein, die Armuth ist die große Volks-, d. h. schwächliche Individuenvermehrerin; die Armuth wirft diese Schaaren Kinder in die Welt. Denn bei ihr ist Schwächlichkeit, Schwächlichkeit, die dazu reizt, Leichtsinn, der nicht lange rechnet: aber haben wir, es auch auszuführen? sondern schnell zusammenstellt; Leichtsinn, der da denkt: Wir haben sonst nichts von der Welt, so wollen wir doch diese Freude! Wir erzeugen die Kinder, erhalten kann sie wer will. Ich bin nicht auf die Industrie verfessen, daß ich sagte: Pflanzt überall Industrie!

Nein, wo eine wohlhabende bäuerliche Bevölkerung ist, wo Land genug ist, daß man sich ausbreiten kann, oder wie im Römischen acht Fuß dick Humus den Boden bedeckt, daß er reichlich hervorbringt, was die Italiener weniges essen, da gibt es keine Baumwollspinnereien, und wenn es gäbe, ginge ich in keine. Da läge ich lieber nach dem Essen eine Weile im Schatten, blätterte in einem Buche oder betrachtete ein römisches Kunstwerk. Aber, wenn wir in einer andern Gegend wohnen, wenn wir nicht Lust und nicht Macht haben, auszuwandern, wenn wir alle auf einander hocken wollen — wie dann? Wir haben genau zu untersuchen, was hat die Industrie verschuldet und was das andere? Alles Heil müssen wir auch nicht erwarten, wenn die Industrie einmal alle ihre Spitzen und Hörner verliert. Es bleiben noch Uebel. Sie ist eben auch nur ein Theil, ein Gebiet des Lebens. Es muß auch von den andern Gebieten her Besserung kommen. Es muß auch daneben die Trägheit, die Liederlichkeit, das hoffärtige Wesen aufhören; es muß auch daneben Genügsamkeit und ideales geistiges Wesen aufkommen. Es müssen andere Erwerbsquellen geöffnet werden; das Land muß gut angebaut werden, und wenn Alles nicht hilft, wenn zu viel Menschen auf einem Fleck sind, so müssen wir einander ausweichen, Platz machen. Wo die Existenz so mager und künstlich geworden ist, daß man auf allerhand Künste, auf allerhand Gewerbe, auf allerhand Liste sinnen muß, da muß man heraus und wieder eine natürliche gewinnen, sonst reibt man sich an einander ab und frißt sich auf wie wollenes Tuch sich frißt, wenn es zu nahe und zu lange auf einander gepackt ist.

Aber die Fabrikindustrie hat eigenthümliche Gefahren, die ein eigenthümliches Verfahren, eigenthümliche Heilmittel, ein besonderes Wachen erfordern. Ich rechne zu solchen eigenthümlichen Gefahren, welche dem Familienleben schaden, das **frühe Heirathen.**

Die Fabrikindustrie begünstigt das früh Heirathen. Wie sie jetzt noch meistens betrieben wird, übt sie auf die Gesundheit einen schwächenden Einfluß aus. Wenn sie auch, wie in neuerer Zeit viele behaupten, keine besondern Krankheitsformen erzeugt, keine besondere Sterblichkeit hervorruft, so erzeugt sie doch eine allgemeine größere Schwächlichkeit. Und wenn das viele Aerzte nicht haben wollen, so ist's wenigstens so die allgemeine Meinung der Menschen und hier ist mir diese allgemeine Ueberzeugung eine wichtigere Stimme. Schwächliche Menschen sind für geschlechtliches Leben viel früher und stärker erregt als gesunde, kräftige. Die Geschlechter und namentlich die verschiedenen Alter sind nicht von einander getrennt, Kinder und Erwachsene leben unter einander und oft ohne die erforderliche Aufsicht. Das Heirathen ist dem Fabrikarbeiter leicht gemacht. Er muß nicht weit gehen, auf keine Gelegenheit warten, nicht eigen Feuer und Rauch führen, nicht einmal eigenen Hausrath haben. Er kann das oft alles bei seinen Eltern finden und ihnen etwas bezahlen; daran ist er schon von früher her gewohnt. Er hat ihnen schon in den ledigen Tagen das Kostgeld gegeben. Zu den wenigen Baarauslagen, die das Heirathen unumgänglich erfordert, hat er das Geld schnell zur Hand. Dieser scheinbare Wohlstand, der aber Armuth ist, befördert das frühe Heirathen. Bei wirklichem Wohlstand, bei gesunder vernünftiger Bildung kommt dieses früh Heirathen nicht vor.

Solches leichte und schnelle Heirathen hat Nachtheile für ein schönes und glückliches Familienleben. Man ist weder geistig noch leiblich reif. Man sagt: zu jung sei ein Fehler, der sich alle Tage verbessere. Ja er verbessert sich oft in erschreckender Weise. Aber ein schlechter Anfang zeigt seine Folgen oft das ganze Leben hindurch. Wenn eine Mutter in ihren Wochen zu früh stark sein will, hat sie oft ein Jahr lang oder immer zu kränkeln. Eine Woche länger daheim geblieben, hätte ihr für ein ganzes Jahr Kraft gebracht. Ein Genesender verdirbt sich nie leichter, als wenn er zu schnell den Gesunden spielen will. Fangt mit Nichts und mit zwei oder drei kleinen Kindern zu haushalten an, und ihr kommt lange nicht zu Etwas, während ihr, wenn ihr vorher Etwas gesammelt und die paar Kinder noch hättet schlafen lassen, solider und munterer gehaushaltet hättet. Das anfängliche Nichts und die gleich im Anfang große Last von Kindern müssen einem jungen Päärchen schwer anhängen. Es ist wie wenn man einen Schlitten durch tiefen Schnee ziehen muß. Man ist zur Erziehung unfähig. Man sagt wohl: das lerne man später. Aber unterdessen sind ein paar Kinder gekommen, die wir schecht erzogen, weil wir erst in der Lehre waren; und leicht macht sich aus unserer anfänglichen schlechten Art der Erziehung eine Gewohnheit, daß wir später nicht mehr ihrer los werden. Wir halten bei diesem leichten Heirathen einander auch nicht werth genug. Ein Bauer, der mit dem halben Dorf schlagen muß, bis man ihm die Tochter läßt, ein Handwerker, der etliche Jahre wandern muß, bis er nur beim gestrengen Meister anhalten darf um die Hand des sittigen Töchterleins, die werden ihre ehrbaren Hausfrauen werther halten, als der Fabrikarbeiter oder wer's dann ist, der sein Mädchen so mit Ja und Nein gewonnen hat.

Die Fabrikindustrie führt die Familienglieder zu sehr auseinander. Das Ehe- und Familienleben erfordern eine gewisse Abgeschlossenheit. Bei Ackerbau und Viehzucht treibender Bevölkerung, bei der vornehmen Aristokratie ist das Familienleben inniger und fester als bei städtischer oder ländlicher gewerblicher Bevölkerung. Durch dieses beständige mit vielen Menschen Verkehren werden wir etwas abgeschliffen, nicht so ausgeprägte und individuelle Menschen, die nur für gewisse Menschen, für ein Weib und Kinder, für Verwandte, für gewisse Verhältnisse, für die Ehe, für das Familienleben die größte Liebe haben. Die Fabrikarbeiter sind in Beziehung auf den Ort nicht bei einander. Das eine Glied der Familie arbreitet da, das andere dort. Auch die Art der Arbeit vereinigt nicht wie die Arbeit des Handwerkers und Landmanns. Die Arbeit des Handwerkers, der mit seinen Söhnen arbeitet, des Bauers, der mit seinen Kindern sein Heimwesen baut, verbindet und veredelt mehr, ist die interessantere als die allgemeine Arbeit des Fabrikarbeiters. Er arbeitet nur ein abstraktes Stück Zeit lang, von einem Sechs zum andern, oder von fünf bis acht Uhr. Das Paar Schuh, das der Schuhmacher verfertigt für diesen oder jenen Kunden, mit dem er schon lange zu thun hat und von dem er weiß, daß er in diesen Schuhen in's Wildheu gehen wird oder Hochzeit machen; das Heu, das der Landmann mit seinen Kindern, wenn das Wetter gut ist, in so und so viel Tagen gesund und schmackhaft auf seinen Stall einbringt und mit seinem Vieh aufätzt oder an einen guten Mann verkauft, ist etwas anderes, als wenn ich nur von einer großen Balle Baumwolle auch ein Paar Pfund verspinne, an ein ganzes Fuder Tücher ein Paar Ellen gewoben habe. Ich bin nicht der Meinung, daß man, um ein schönes Familienleben zu führen, den ganzen Tag einander angaffen müsse und am gleichen Strumpf stricken. Im Gegentheil werden wir oft weniger uneins, lieben einander mehr, halten mehr auf einander, wenn wir uns etwas seltener sehen. Aber zu wenig und zu viel verderbt alle Spiel. Wenn wir in Baumwollspinnereien Jahre lang alle Tage vierzehn Stunden außerhalb des Hauses zubringen müssen, so ist das zu wenig, um als Familie recht in einander zu wachsen, um uns recht an einander zu gewöhnen. Namentlich für Kinder ist das vom Schlimmen. Der Erwachsene, der ein bestimmtes Gepräge schon hat, der fester ist, kann sich eher unter viel Menschen werfen; kann lange außer dem Hause weilen; nicht so das Kind. Das ist noch weicher, das ist der stäten elterlichen und häuslichen Einflüsse noch bedürftiger, das muß noch mehr zusammen gehalten, und nicht schon so in das Weite und Allgemeine zerstreut werden. Die

Fabrikindustrie führt gar oft auch die **Hausmutter** aus dem Hause weg. Das ist von allem Schlimmen das Schlimmste; das ist dann vollends, als ob das Herz aus dem Hause, von den Kindern weggenommen würde. Die Fabrikindustrie führt nicht nothwendig dazu, aber in der Wirklichkeit thut sie es gar oft: sie führt auch in einem andern Sinne die Familienglieder noch aus einander. Ich meine das sogenannte **Kostgeldgeben**. Da ist freilich die größte Schuld die Schwäche der Eltern, die sich das gefallen lassen. Aber der Umstand, daß der Knabe, das Mädchen frühe schon ein schönes Stück baares Geld in die Hände bekommen, begünstigt diese Erscheinung, daß sie mit den Eltern einen Vertrag schließen, oder sie gänzlich verlassen nnd zu andern an die Kost gehen.

Eine dritte Gefahr, welche die Fabrikindustrie für das Familienleben hat. Wo Fabrikindustrie ist, da beobachtet man unter den Kindern größere **Lieblosigkeit** und **Frechheit**, unter den Erwachsenen **Rohheit** und **Genußsucht**. Ich erhebe damit einen schweren Vorwurf. Die Genußsucht, Wirthshausleben und Kleiderpracht wird man gelten lassen. Aber die Lieblosigkeit und Rohheit! Wo ist die Lieblosigkeit der Fabrikarbeiter, die, wenn irgend eine Steuer nöthig ist, schnell bei der Hand sind, wenn ein Mitarbeiter krank ist, sich verletzt hat, gestorben ist, schnell und reichlich helfen? Wo ist die Liebe der gerühmten romantischen Bauern, welche die Hand drei- und viermal verschließen, bevor sie ein halbes Fränklein herauslassen? Wo ist die Lieblosigkeit der Fabrikarbeiter, die in Feuersnoth auf alle Leitern klettern und des Lebens und der Gesundheit nicht achten, während der Bauer sich zwei- und dreimal besinnt: was jetzt da zu thun sei? Ich anerkenne das mit Freuden; habe es auch schon oft und vielfach hervorgehoben. Aber ich bleibe dennoch bei meiner Behauptung. Ich rede nicht von der allgemeinen Menschenliebe, von der Liebe des Bruders zum Bruder. Diese allgemeine Menschenliebe, glaube ich, habe in der Welt Fortschritte gemacht. Ich rede von dem Familienleben, von dem besondern eigenthümlichen Leben, das wir neben diesem allgemeinen Menschenleben nicht vernachlässigen dürfen, ja das wir diesem allgemeinen Strome gegenüber recht absichtlich und mit Kraft wieder zusammen nehmen und aufrecht halten müssen. Im Familienleben klagen die Eltern über Lieblosigkeit und Rohheit ihrer Kinder; im gesellschaftlichen Leben klagt man über Mangel an Pietät, an Ehrfurcht und Scheu vor dem wirklich zu Ehrenden, an anständigem und gesittetem Benehmen. Ich klage nicht die Fabrikindustrie allein an: hier helfen viele Ursachen mit. Aber eine Ursache liegt auch in der Fabrikindustrie, nicht in der Fabrikindustrie wie sie sein soll, aber in der Fabrikindustrie wie sie wirklich ist. Die Kinder werden auf zu lange Zeit und oft zu früh dem Familienleben entzogen; sie hören und sehen vielerlei, das sie nicht hören sollten. Sie werden sehr oft, ich glaube am wenigsten von den Herren und Aufsehern, sondern mehr von ihren unmittelbaren Vorgesetzten, von Spinnern und Druckern sehr roh behandelt. Wenn sich eine weichere, reinere, kindliche Stimmung in ihnen geltend macht, werden sie darüber ausgelacht. Das Edlere wird ihnen weggespottet. Damit erstirbt in ihnen Glaube und Vertrauen, das Ideale, und liebloses kaltes Wesen macht sich in ihnen geltend. Ich will auch nicht sagen, daß dies überall, in allen Fabriken, an allen Orten der Fall sei; nein, es gibt große Unterschiede; ich will auch nicht sagen, daß dieß in alle Ewigkeit so sein müsse. Nein, größeres Christenthum wird hier noch manches ändern und bessern. Es gibt edle Fabrikherren; aber auch solche, die ihre Leute nur als Arbeitsmaterial, als Maschinenfutter ansehen, wie rohe Eroberer die Soldaten nur als Kanonenfutter. Was Wunder denn, daß in solchen Arbeitern eine tiefe Verbitterung entsteht, ein freudloses, religionsloses Wesen, ein beständiger Grimm gegen alle Ordnung, gegen die heiligen und schönen Ordnungen auch des ehlichen und häuslichen Lebens?

III.
Was müssen wir thun, um diesen besondern Gefahren der Fabrikindustrie zu begegnen?

Wir sind leibliche und geistige, ideale und reale Wesen, haben zeitliche und ewige Natur an uns. Daher muß auch auf dem äußern und innern, leiblichen und geistigen, himmlischen und irdischen Wege auf uns gewirkt werden. Welches ist das Erste und welches das Letzte, welches das Niedere und welches das Höhere? Da hat der französische Bischof Bossuet das beste Wort gesprochen: „Brauche die irdischen Mittel, als ob es keine himmlischen, und die himmlischen, als ob es keine irdischen gäbe." Heißt wohl auf Deutsch: brauche jedes Mittel ganz und recht.

Soll die Gemeinschaft oder der Einzelne das Erste und Beste thun? Da wird wohl auch wieder der Rath Bossuet's gelten. Die Gemeinschaft thue, als ob es keine Einzelnen gäbe, die etwas helfen könnten, und der Einzelne, als ob keine Gemeinschaft vorhanden wäre, von der auch Hülfe zu erwarten stände.

Ich beginne wieder mit dem Frühheirathen. An andern Orten z. B. in Paris hat man die größte Noth, Heirathen zu Stande zu bringen. Da sind eigene Vereine, welche solchen Heirathskandidaten allen möglichen Vorschub leisten. Sie besorgen ihnen die Schriften, zahlen die Gebühren, räumen allerhand Schwierigkeiten weg; gehen mit ihnen zum Maire, so daß der Glückliche nur Ja sagen muß, um in den Stand der heiligen Ehe einzutreten. So ist es im

Glarnerland nicht; aber Gottlob ist das Glarnerland nicht Paris. Wir müssen die Leute fast eher abhalten von dem zu vielen Heirathen. Das sollte man nicht thun. Viel Heirathen, wenn die rechten Bedingungen dazu da sind, das ist gerade gut; das ist das Beste, das man thun kann. Wenn in diese fluthenden Massen eines großen städtischen Fabrikproletariats Organisation kommt, d. h. wenn sich in diesem einen grauen Brei einzelne Kreise bilden, einzelne Häuser, Familien, Familienleben, viel Familienleben, so ist das geradezu das Einzige und Beste, daß diese Masse keine gefährliche werde, sondern gutes Volk, neuer Zuwachs zu einem bestimmten Gemeinde- und Staatsleben. Das Familienleben bringt in diese Arbeitermassen die rechte Hülfe. Das Familienleben rettet und veredelt den Einzeln. Von unregelmäßigem, ausschweifenden, immer schon aber namentlich im Alter freudlosen und trostlosen Leben bewahrt den Menschen am ehesten ein geordnetes, schönes Familienleben.

Mit dem zu frühen Heirathen, von dem ich hier rede, verbinde ich, um nicht zu viel Kapitel und Abschnitte zu bekommen, alles zu früh erregte, ungehörige fleischliche Leben, und was ich als Heilmittel wider jenes angebe, soll auch angesehen sein, als Gegengift wider dieses, aus dem das zu frühe Heirathen meistens hervorgeht.

Nicht zu früh zu heirathen, dazu sollte man in der That zu vernünftig sein. Aber diese Vernunft ist nicht überall vorhanden, sodann vermag die Vernunft nicht Alles. Belehrung, vernünftige, gehörige Belehrung wird viel ausrichten. Aber mit dieser Belehrung fehlt es noch in gar vielen Stücken. Die meisten jungen Leute meinen: wenn sie zu frühe heirathen, so sei das höchstens ungeschickt; sie bringen sich um die schönsten ledigen Jahre, und bekommen schwere Zeit zum Haushalten. Viele von ihnen, wenn sie wüßten, daß sie damit ihre schönste Entwicklung in leiblicher und geistiger Beziehung unterbänden, und ein Kapital angriffen, das erst für spätere Zeiten aufgehoben sein muß, ließen sich von diesem unverständigen Gebahren zurückschrecken. Tausende von jungen Leuten, wenn sie sich dieser oder jener Art der Ausschweifung hingeben, meinen, damit nur etwas gegen die Sittlichkeit verfehlt zu haben. Wenn diese Tausende wüßten, nicht aus allerhand ungeschickten oder schädlichen, mit Uebertreibung oder Unverstand geschriebenen Schriften und Schriftchen, sondern von einem ernsten gebildeten Arzte, daß sie damit Leben und Gesundheit zerstörten, ließen sich unter den Tausenden doch Hunderte warnen. Und in wie manchem Fall müssen wir uns mit den Hunderten begnügen. Ueberhaupt fehlt uns in gesundheitlicher Beziehung ein wesentliches Stück. Man arbeitet daran; aber es fehlt noch viel. Man reißt so an den Außenwerken herum, aber das rechte Bollwerk greift man noch nicht an. Die Schule beginnt den Menschen auch etwas zu sagen über leibliche und gesundheitliche Dinge. Ja, soweit die Lehrer befähigt sind und ihr Gebiet reicht, sollen sie über Leben und Gesundheit, Kleidung, Wohnung, Nahrung, Arbeit etwas sagen. Ein kleines Theilchen daran können sogar die Geistlichen übernehmen; indirekt läßt sich hie und da etwas anbringen, das dem geistlichen Amte gar nichts schadet. Sehen wir nur im alten Testamente nach, wie da auch manches derartige steht, und hat nicht selbst im Neuen Testamente Paulus dem Timotheus mitten in einer geistlichen Epistel gerathen, er solle seines schwachen Magens wegen nicht immer Wasser trinken, sondern etwas Wein. Der wichtigste Theil muß aber den Aerzten überlassen bleiben. Die Aerzte müssen aufhören, nur Heiler des Gebrochenen und Zerknickten zu sein; sie müssen neben diesem Amte, so gut als wie die Geistlichen nicht bloß die Traurigen trösten, sondern auch die Jugend unterrichten und den Glücklichen predigen, auch Lehrer und Beförderer der Gesundheit werden. Der Arzt muß aufhören, nur ein Angestellter auf eigene Faust zu sein; er muß so gut ein Angestellter der Gemeinde sein, als der Pfarrer und der Lehrer. Es darf nicht dem Zufall überlassen bleiben, was die Gemeinde für Wasser trinkt, in was für Schlupfwinkeln sie wohnt, was ihr an Getränken und Speisen geboten wird. Ueber die wichtigsten Dinge darf der Mensch nicht erst belehrt werden, wenn er todtkrank im Bette liegt; über die wichtigsten Dinge, die Alle angehen, darf sich der Arzt nicht bloß zu diesem und jenem aussprechen, den ihm der Zufall ins Haus schickt. Ueber die wichtigsten Dinge müssen die Menschen belehrt werden in ihrer Jugend, in ihren guten Mannesjahren. Es ist eine Schande, daß sich Schriften über Wohnungen, über diese wichtigen Dinge, über Pflege und Erziehung der Kinder, so bettlerweise in die Häuser einschleichen müssen, ob sich auch Jemand finde, der sich um dieselben bekümmere. Ueber solche und ähnliche Dinge soll ein gebildeter Arzt so offiziell reden und so viel zu untersuchen und zu forschen haben, als der Pfarrer auf der Kanzel in seinem Gebiet. Das wäre auch der einzige Weg, auf welchem die ärztliche Kunst zu ihrer Würde gelangen könnte. Das wäre zu heutiger Zeit auch die einzige rechte Krankenkasse, wenn alle Gesunden und Starken für alle Kranken und Schwachen einständen. Doch darüber behalte ich mir ein weiteres Wort vor.

Vernünftige Belehrung über die Schönheit der jungen Jahre, über das, was zu einem ordentlichen Hausstande erforderlich, und was Leib und Leben in dieser Welt zu bedeuten haben, das wäre Ein Mittel, mancherlei Uebelständen dieser Art abzuhelfen. Ein weiteres Mittel ist die Gesundheit selber. Ich meine nicht, daß der Gesunde als solcher von allen ungehörigen Anfechtungen frei sei. Ich rede auch nicht von der Gesundheit, die durch eine eigentliche Körpermast erzielt wird, daß unsere Säfte nicht mehr Blut und Milch sind, sondern Schärfe und Geilheit. Ich rede von der natürlichen unschuldigen Gesundheit. Diese Gesundheit ist ein herrlichstes Bewahrungsmittel vor allerhand Ungehörigem und Unsittlichem.

Wenn wir einen kräftigen Körper haben, eine gesunde Faser Fleisch, so sind wir auf dieses Frühheirathen nicht so erpicht, ist überhaupt das geschlechtliche Leben nicht so erregt, nicht so überwiegend, den ganzen Menschen beherrschend, wie wenn wir blaße, ausgeschwitzte Menschen sind. Wer nur so aus Blut und Nerven zusammengesetzt ist, der hat den Teufel im Leib. Wo es nicht so ist, wo man dennoch brav, ehrbar und mäßig ist, da kommt es gewiß nicht her von der Bläße und der nervösen Gereiztheit, sondern weil solche Menschen ihr Fleisch in die Zucht nehmen, ungehörige Lüste niederkämpfen, die Herrschaft führen über die niedern Triebe, die allein den Menschen auszeichnet vor den übrigen Geschöpfen, die den Menschen geradezu zum Menschen macht.

Ein drittes Mittel. Mich wundert's manchmal nicht, daß Fabrikleute so früh heirathen; mich wundert's manchmal, daß sie es nicht noch früher thun. Am Sonntag Abend versteht sich's von selbst, aber an vielen Orten ist auch in der Woche wenigstens einmal Stubet. Wenn sie müde gearbeitet haben oder am Sonntag ein Glas getrunken, gerathen sie an einander, tanzen und stampfen, als wären sie alle wohl ausgeruhte, wohlgenährte Leute und könnten noch so aus einem Ueberschuß von Kraft, aus Uebermuth und Fülle heraus tanzen und stampfen. Nein, sie thun es nicht aus einem Ueberschuß von Kraft; sie thun es aus Maschinenkraft, aus Fabrikschwäche heraus, aus Kaffe und Brod manchmal. Kein Wunder, wenn es da schon frühe Heirathen gibt, wenn man die Woche über den ganzen Tag bei einander ist, viel Untüchtiges schwäzt und hört und dann am Abend noch tanzt und auf den Gassen herum schwärmt. Aus diesem Stubetwesen zur Nachtzeit, aus diesem schamlosen Herumschwärmen auch weiblicher Personen zu Nachtzeit, aus diesem entsteht so viel frühes Heirathen und so viel Unzucht. Ihr Väter solltet zu euern Töchterchen sagen: Bei Tage magst du tanzen, an der Kirchweih und an der Fast=

nacht in rechter Gesellschaft auch des Nachts. Aber in der Woche und an gewöhnlichen Sonntagen ziehst du mir nicht in Stuben, fährst mir nicht herum, da bleibst du mir bei Hause! Wenn dann das dumme Geschöpf sich verbrennt, soll es der Stillstand wieder in Ordnung machen. Behaltet, ihr Väter, euere Töchterchen bei Hause und sorget ihr für sie!

Das vierte Mittel. Gottesfurcht, Gottesliebe heißt der Engel, der beim guten Menschen wacht, daß er keine Sünde thut. Wem das Glück gegeben ist, von guten Eltern in frommer Zucht und Sitte erzogen zu werden; wem das Glück gegeben ist, unter guten Menschen und heilsamen Umgebungen zu leben, der ist am besten bewahrt, der ist am meisten geschützt wider alle bösen Versuchungen und Gefahren. Ein fester religiöser Grund von Hause aus ist das Fundament, ist der Fels, um den dann die Wogen einer schlechten Welt, einer gefährlichen Umgebung schlagen können. Wir werden unser Ich, unser Selbst, unsere Seele retten. Das Gefühl: du bist ein Mensch, ein Mensch ist ein hohes und herrliches Wesen; das Gefühl: es gibt einen Gott, es gibt heilige Ordnungen; es gibt ein höchstes Glück, wenn der Mensch diesen sich fügt; dieses Gefühl müssen wir in den Kindern wecken von frühester Jugend an, in diesem Gefühl müssen sie leben und aufwachsen wie in einer Lebensluft.

Wir haben von dem Auseinanderfahren der Familienglieder geredet. Die Arbeit in den Fabriken kann nie so eingerichtet werden, daß alle Glieder einer Familie am gleichen Ort zusammen arbeiten können. Sie gehen nicht immer in die gleiche Fabrik; in den Fabriken selber sind die Arbeiten so vertheilt, daß nicht eine ganze Haushaltung an der gleichen Arbeit oder auf der gleichen Stelle arbeiten kann. Aber es ist auch nicht nöthig, daß wir alle den ganzen Tag auf dem gleichen Fleck stehen. Was nöthig ist, das ist eine vernünftige Arbeitszeit, eine Arbeitszeit, welche die Kräfte der Arbeiter nicht übersteigt und welche uns möglich macht, auch noch einige Zeit bei Hause zusammen zu sein. Was nöthig ist, das ist in der Fabrike eine **gute Aufsicht und Ordnung**, ein sittlicher Geist, der das Ganze durchdringt. Die Fabrikarbeit sei nicht so einigend und interessant als die Arbeit des Handwerkers? Einigend kann die Fabrikarbeit auch werden. Es ist alles Fabrikarbeit, meistens gehen die Glieder einer Familie in eine Fabrike; gar oft thun sie dieselbe Arbeit. Einigend wird sie aber hauptsächlich, wenn die Arbeiter einen gebührlichen, anständigen Lohn bekommen. Wenn die Glieder einer Familie diesen schönen Lohn am Zahltag heimbringen, der Mutter mit freudestrahlendem Angesicht in den Schooß schütten, daß sie daraus mit weisem ordnendem Sinn alles Nothwendige für die Haus= haltung anschaffen kann, wenn etwas übrig bleibt, eine kleine Freude für die ganze Familie bereitet: wahrlich dieser schöne Lohn, dieses zusammen geschüttete schöne Stück baaren Geldes sollte auch ein Einigungspunkt sein! Einigend wird die Fab= rikarbeit, wenn der Fabrikherr die Arbeiter mit Freundlichkeit und Liebe behandelt und sie so Liebe zu ihrem Herrn und seinem ganzen Geschäfte bekommen. Dann bekommt man Liebe zu der besondern Arbeit, die einem gerade obliegt. Einigend kann die Fabrikarbeit werden, die Zusammengehörigkeit vieler Glieder zu Einem Ganzen verkündigend, wenn der Arbeiter darauf achtet, wie alle diese einzelnen Glieder Eines großartigen Mechanismus dazu dienen, Ein Erzeugniß hervorzubringen. Daß diese Arbeit für den sinnigen Arbeiter auch noch interessant wird, versteht sich von selbst.

Gegen das lange von einander Getrenntsein einer Familie ist ein besonderer köstlicher Balsam der **Sonntag**. Wenn wir uns die Woche über nur selten gesehen zu einem vertrau= lichen Wort, zu einem Wort über unsere häuslichen Angelegen= heiten, zu einem belebenden Wort der Liebe und Freundschaft, zu einem aufmunternden tröstenden Worte: am Sonntag kön=

nen wir das wieder thun. Am Sonntag überblicken wir die Arbeit der Woche, den Erfolg, den Ertrag dieser Woche, die Fortschritte, die wir gemacht haben. Am Sonntag ist der Hausvater wieder im Kreise der Seinen, überblickt er die Häupter seiner Lieben. Wenn er sie auch jeden Morgen und jeden Abend und bei jedem Essen zählt, am Sonntag ist es ein ganz anderes Zählen; es ist ein ruhiges, überschauendes Zählen, ein glückliches Verweilen über ihnen. Am Sonntag gehen wir zur Kirche; am Sonntag werden wir inne, daß wir noch zu etwas anderm bestimmt seien, als nur eine ganze Woche lang emsig zu arbeiten wie die Bienlein; am Sonntag werden wir inne, daß wir auch noch höhere, himmlische, geistige Natur an uns haben. Es geht die Woche über manchmal streng; mancher saure Tritt muß gemacht werden; es begegnet uns mancherlei Widerwärtiges; es will uns manchmal der Muth entfallen. Da kommt der Sonntag mit seinem Friedensgeläute, der Sonntag mit der Gleichheit aller Menschen, und er gießt neue Kraft, neuen Muth in die abgespannten Nerven, in die müden Beine, in die todesmatte Seele. O, sei gepriesen Sonntag, eigentlicher Wonnetag des Lebens! Sei gepriesen und geliebt von allen, die die Woche über sauer und streng arbeiten! Du bist das Lebensöl, Balsam auf die heißen Wunden. Möge nie ein Arbeiter Dich entheiligen, Dich sich rauben lassen! Du bist sein Trost, seine Wonne.

Wider das Zerfahren des Familienlebens ist ein anderes wichtigstes Mittel: die Hausmutter, die Mutter junger Kinder, die Mutter unerzogener Kinder, überhaupt das Herz, die Seele des Hauses muß daheim bleiben, muß nicht auch noch in der Fabrike, außerhalb des Hauses ihr Brod suchen. Immer und überall wird das nicht angehen. Es gibt eine Noth, die kein Gesetz kennt. Aber gar oft geht es an, gar oft, wo man meint, es gehe nicht, wenn man nur recht will, wenn nur alle Theile, die etwas dazu zu sagen haben, zusammen stimmen, geht es. Viele Weiber gehen in die Fabriken, weil sie schlechte, liederliche, gewaltthätige Männer haben. Es gibt Männer, die ihre schwangern Weiber in die Fabriken schicken und wieder bald nach dem Kindbett, damit sie es bequemer haben, damit sie faullenzen können, damit sie in den Wirthshäusern die Karten in den Sündenfingern halten können, damit sie beim Bier oder Wein oder Schnaps gähnen und die gleichgültige Zunge aus dem Rachen strecken und mit den Ellbogen faul auf den Tisch lehnen können. O ihr armen Weiber, schlechtere Menschen als euere Männer sind, gibt es keine!

Viele Weiber gehen in die Fabriken, weil sie und der junge Ehegemahl zu ungeschickte Leute sind. Sie meinen, das sei alles Profit, was man in der Fabrik verdiene; sie achten nicht, was unterdessen bei Hause versäumt bleibt, zu Grunde geht oder mit doppelten Kosten doch gemacht werden muß. Sie achten nur das Geld, das sie auf einmal auf der Hand nach Hause bringen, und das Geld, das nach und nach verträpfelt wird für allerhand Löhne, die man ausgeben muß, weil man die Arbeit, das Nähen, Stricken und Flicken, das Putzen, das Kindgaumen, das Pflanzen, das Jäten, nicht selber thun kann, nicht. Sie achten nur das Geld, das sie auf einmal auf der Hand sehen. Aber was durch Unordnung, Unreinlichkeit, Fahrlässigkeit ganz still am Häuschen, am Hausrath, an den Kleidern zu Grunde geht und das dann auf einmal doch will gemacht sein, nicht. Ja es ist erst vornehm, wenn man im Jahr auch Glaserkonten, Schlosserarbeit, Schreinerarbeit hat, wenn der Mann sagen kann: er brauche nur für allerhand Conten so und so viel. Man achtet dieses Geld nicht; nur das, was ausbliebe, wenn man nicht in die Fabrike ginge.

Viele Weiber gehen in die Fabriken weil sie zu **faul** sind. Es klingt das sonderbar; aber es ist doch wahr. Sie sind zu faul, die Sorgen des Familienlebens auf sich zu nehmen, für Alles zu sinnen, geistig thätig zu sein. Sie wollen lieber die mechanische Arbeit verrichten, die ihnen am Morgen von andern angewiesen ist und der sie mit dem Verlassen der Fabrik ledig und los sind. Sie wollen lieber am Mittag zum gekochten Essen zu Tisch sitzen, als selber kochen. Es gibt eine Faulheit, eine geistige Faulheit, eine Unselbständigkeit, die lieber in einem Karren angespannt den ganzen Tag streng arbeitet, als die vielleicht leichtere Arbeit selber thut, bei der man denken, sinnen und sorgen muß, für die man verantwortlich ist, die von einem ganz abhängt.

Viele Weiber gehen in die Fabriken weil sie zu wundersüchtig, zu neugierig und zu genußsüchtig sind. Die häusliche Arbeit einer braven Hausmutter ist wahre Herrenarbeit, ist Gottesarbeit, ist Gottesdienst. Aber freilich so viel Neues wird man dabei nicht inne; sie ist auch ernster, zurückgezogener. Viele Weiber gehen in die Fabriken, daß sie am Mittag auf der Straße die Hände unter die Schürze oder auf die Schürze legen können und mit zweien und dreien, die neben ihnen gehen, ganz gemüthlich etwas verhandeln können. In der Fabrik ist man nicht so allein wie in dem stillen Heiligthum des Hauses. Da ist man bei viel Leuten, hört Allerhand, sieht Allerhand. Auch kann man sich doch nicht so plötzlich von den frühern Genossen trennen; man will die Knaben noch sehen, mit denen man so oft an der Stubet getanzt; einen Scherz möchte man auch noch hören, denn mit der Hochzeit ist es ja doch nicht so böse gemeint, daß jetzt Alles auf einmal aufhören sollte, wie wenn man im Kanal die Falle herunterläßt.

Viele Weiber gehen in die Fabriken wegen der verfluchten Hoffarth. Einem Weibe, das nichts verdient, das nur die Hausgeschäfte thut und die Kinder gut besorgt, nur in den Kindern seinen größten Schatz, sein höchstes Gut erblickt, dem gibt ein vernünftiger Mann natürlich nichts. Aber wenn das

Weib in die Fabrik geht, einen schönen Zahltag heimbringt, dann hängt er ihm um, was es nur wünscht, dann kann es auch etwas in die Haushaltung kaufen, dann dürfen sich auch Krämerinnen zeigen. O ihr armen ungeschickten Weiber, die ihr rechte Thörinnen seid, könnt ihr für ein Linsengericht eure Erstgeburt verkaufen? O ihr armen ungeschickten Weiber, um dem verderblichen Luxus zu fröhnen, Lumpen einzukaufen, könnt ihr euerer eigenen Kinder vergessen?

Weiber, Hausmütter, Mütter kleiner Kinder, bleibt bei Hause. Eine schwache Großmutter, die ob jeder Fliege zornig wird, eine ungeschickte Bäse, ein presthaftes, blödsinniges Geschöpf, und auch ein Vater, der wie ein Weib daheim bleibt und kocht, ist keine junge Mutter, keine eigene Mutter, keine gute Erzieherin. Bleibt bei Hause, erzieht euere Kinder selber, nähret euere Kinder selber, nähret euere Kinder, **wovon bei Fabrikweibern keine Rede sein kann**, nähret euere Kinder an euerem eigenen Herzen. Ich will auch darüber etwas sagen. Es haben sich in jüngster Zeit deutsche Geistliche einer ganzen Gegend in einer ernsten Zuschrift an die Mütter gewendet und sie vor der Ungerechtigkeit und der Unnatur gewarnt, ihre eigenen Kinder fremden Müttern zum Stillen zu übergeben. So darf ich es auch thun. Junge Mütter, stillet euere Kinder selber, nähret sie an euerem Herzen. Man sagt: dazu sei unsere Zeit nicht mehr angethan, unsere Weiber seien zu hysterisch, zu nervös, erschrecken zu leicht, werden zu leicht gällig, unsere Männer seien zu wüst und grob. Ist diese Unnatur vorhanden, so kann sie nicht durch Unnatur gehoben werden, sondern daß wir einen Anfang machen zur Natur zurückzukehren, einen Anfang, wo und wie wir ihn machen können. Sind unsere Weiber zu nervös, erschrecken sie leicht, werden sie zu leicht gällig, sind unsere Männer zu grob: nun so fangt an, euere Kinder zu säugen und werdet, Weiber um beßwillen, damit ihr das thun könnt, weniger gällig, nehmt euch zusam=

men, gewöhnt euch, weniger zu erschrecken, sorget besser zu euerer Gesundheit, esset besser, gebt weniger für die Hoffarth aus. Männer, damit unsere Weiber das können, werdet vernünftiger, werdet ehrenhafter. Ja es könnte gerade von diesem Punkte aus ein Anfang zum Bessern kommen. Ja gerade dieses Stillen der Kinder, abgesehen von seinem größten Nutzen für die Kinder, könnte gerade eine Ursache werden, rückwärts für die Mütter und die Männer, daß es besser würde mit beiden in gesundheitlicher und in sittlicher Beziehung. Warum straft man doppelt und dreifach, wer ein schwangeres Weib schlägt? Warum gilt für ein Vieh, für ein Thier, wer ein schwangeres Weib schlägt? Könnte nicht ein säugendes Weib, eine stillende Mutter uns wieder etwas von jener Ehrfurcht bringen, die einem säugenden Weibe gebührt? So eine „Züge" von Weib, die das Kind, so bald sie es geworfen hat, wieder verläßt und davon läuft, so ein Herrenweib, das um der Hoffarth willen, um der Eitelkeit willen, um der Genußsucht willen, sein Kind verläßt und es einer Amme übergibt, oder mit Brod und Schleim ernähren will, flößt uns keine Achtung ein, flößt uns Ekel ein, ist ein Thier. Mütter, arme Mütter und reiche Mütter, ernährt euere Kinder selber. Das gibt Liebe, das gibt Leben, das gibt heiliges Wesen. Auf einer Mutterbrust, an der ein Kind liegt, liegt ein wahrer Glanz von Heiligem. Wer eine Mutterbrust anders ansieht, ist ein Scheusal. Mütter, ernährt euere Kinder selber.

Aus München schreibt man der A. A. Z.: Diesen Sommer hatte ich Ihnen mehrmals über die ungewöhnlich starke Sterblichkeit in der Kinderwelt unter einem Jahre von hier aus zu schreiben. Zwar raffen, wie konstatirt ist, die drei Sommermonate Juni, Juli, August jedes Jahr, nicht bloß hier, sondern überhaupt in großen Städten, stets die meisten kleinen Kinder hinweg; aber der heurige Sommer zeichnete sich ganz besonders hierin aus und wird einst eine empfindliche Lücke in der Altersklasse 1859 für München zeigen. Von Dr. Wertheimber dahier ist nun in der Giel'schen Buchhandlung eine kleine, aber nicht unwichtige Schrift: „Diätetik der Neugebornen und Säuglinge" in einer allgemeinerem Verständniß zugänglichen Weise erschienen, welche eine Ursache der immerhin bedenklichen großen Kindersterblichkeit in der Thatsache findet, daß jene schöne Sitte, welche Tacitus an den deutschen Müttern rühmte (sua quemque mater uberibus alit, nec ancillis ac nutricibus delegantur)*) im modernen mit dem Naturgesetz des Selbststillens unverträglichen Leben („mit seinen zahllosen gesellschaftlichen Convenienzen und seiner gesteigerten Genußsucht einerseits, mit der auf's äußerste erschwerten Subsistenz und dem Elende der niedern Stände in den großen Städten andererseits") immer mehr verschwindet. In den letzten Dezennien besonders erreichte die Sterblichkeit unter den Neugebornen eine schaudererregende Höhe, so daß jetzt der dritte Theil aller Säuglinge stirbt. In München waren in den Sommerquartalen 1857 und 1858 fast die Hälfte aller Gestorbenen solche Kinder; das verflossene Quartal aber würde ein noch viel ungünstigeres Resultat ergeben, da bekanntlich meistens 10—12 Kinderleichen auf den Tag kommen. In England stehen besonders die Fabrikstädte, und vor allen Manchester, das »slaughter-house for children«**) in dieser Hinsicht in üblem Ruf. Aber auch in vielen russischen Provinzen geht mehr als die Hälfte kleiner Kinder in den ersten Lebensmonaten zu Grunde. Dagegen konnte Benjamin Franklin vor hundert Jahren von Amerika sagen, daß hier die allgemein herrschende natürliche Sitte des Selbststillens der Mütter die rasche Zunahme der Bevölkerung erkläre. Der Verfasser kommt zu dem Schlusse, daß die Verwahrlosung und verkehrte Erziehung der Säuglinge in den nie-

---

*) Die eigene Mutter ernährt jedes mit ihren Brüsten; sie werden weder Mägden noch Ammen übergeben.

**) Das Kinderschlachthaus.

deren Ständen nicht allein in den socialen Verhältnissen begründet sei, sondern die Quelle noch mehr in frevelhaftem Leichtsinn, in Unwissenheit und festem Beharren auf ererbten Vorurtheilen liege. Darum müsse eine möglichst naturgemäße Diätetik des Säuglingsalters Wurzel fassen. In England, wo man den schweren Vorwurf ungeheurer Kindersterblichkeit nicht länger auf der Nation lasten lassen will, haben sich jetzt Frauenvereine gebildet, deren bedeutendster in London (»Ladies National Association for the Diffusion of Sanitary Knowledge« *) unter der Leitung von Lord Shaftesbury, Dr. Lancester, Dr. Southwood Smith ꝛc. durch Verbreitung von Flugschriften viel wirkt. „Ein gleiches Unternehmen wäre in der That auch der deutschen Frauen nicht unwürdig." Der Verfasser hat seine kleine anspruchslose Schrift so gehalten, daß sie in jeder Hausbibliothek einen gewiß berechtigteren Platz verdient, als so manches andere Büchlein in Goldschnitt, das man da findet."

Wir kommen zur Rohheit und Genußsucht. Mit der Genußsucht, daß solche vorhanden, wollte ich es allein aufnehmen; bei der Rohheit muß ich mich um Hülfe umsehen, und zwar nicht bloß um einzelne Stimmen, sondern um eine Gesammtstimme, dabei wir auch sehen werden, woher die beste Hülfe kommen muß. Ich finde diese Stimme am schönsten in dem gedruckten Protokoll der zürcherischen Synode vom Jahr 1860. Da heißt es: „Vorerst wird von vielen Seiten betont der sehr weit verbreitete Mangel an weiser und ernster Zucht, an christlicher Weisheit und durchgreifendem Ernst der Eltern. Man läßt den Kindern viel zu viel Freiheit, und die Folge ist Ungehorsam, trotziges Wesen, Rohheit. Es wird ihnen viel zu zu viel Recht und Autorität gegenüber den Eltern eingeräumt. Man ist zu wenig vorsichtig im Reden vor den Ohren der Kinder, zu gleichgültig hinsichtlich des ihnen gegebenen Beispiels.

---

*) Der nationale Frauenverein zur Verbreitung gesundheitlicher Kenntnisse.

Während man bei den meisten Kindern mehr Schulkenntniß und größere Tüchtigkeit zum Broderwerb antrifft, als früher, vermißt man dagegen an vielen jenen kindlich-unschuldigen und bescheidenen Sinn, der jungen Leuten so wohl ansteht und zu einem glücklichen Familienleben unentbehrlich ist. Zur Arbeit werden die Kinder freilich durchweg angehalten, aber daneben dürfen sie thun und treiben, was sie wollen. Wenn eine andere Bezirkskirchenpflege rühmend erwähnt: Zum Schul- und Kirchenbesuch und zur Arbeit wird die Jugend auf anerkennenswerthe Weise angehalten, — so setzt sie doch sogleich hinzu: aber leider erstreckt sich die Erziehung selten bis über die Konfirmation hinaus, und ein anderer Bericht fügt bei: Die Kinder emancipiren sich allzufrüh durch das sogenannte Rastgeben; und ein Dritter meint: Die Schule nimmt sich der Kinder und ihrer christlichen Erziehung außer der Schule allzuwenig an. Damit scheint übereinzustimmen ein Bericht, welcher, und zwar in Folge schlechter Schuldisciplin unter der ältern Schuljugend, von einem immer zügellosern und ungebundeneren Wesen in seiner Gemeinde redet, dem selbst mit den schärfsten Mitteln nicht zu steuern sei. Dagegen wird den meisten Fabrikherren nachgerühmt, daß sie über ihre **Fabrikkinder** strenge sittliche Disciplin halten und dadurch der Kinderzucht sehr nachhelfen. Von einigen Gemeinden wird bezeugt, daß früher oft vorgekommene Härten und Rohheiten sehr abgenommen haben. — Daß von Seite der Schule und Schulbehörden hin und wieder auf ein gesitteteres Betragen der ältern Schuljugend außer der Schule noch besser, als es geschieht, hingewirkt werden könnte und sollte, mag man zugeben; allein weitaus die Hauptsache wird hier doch das elterliche Haus und das Beispiel der Erwachsenen thun müssen, und wir erachten es besnahen als unsere Pflicht, hier einmal eindringlicher von einer Unsitte zu reden, die mamentlich in einzelnen Gemeinden zweier Bezirke im Schwunge ist und auf die Jugend höchst verderblich einwirken muß. Wir meinen die sog. Lichtstubeten der Kinder. Nach einem Berichte nehmen daran die Kinder schon von der dritten Klasse an Theil, so daß es solche gebe, die während des ganzen Winters auch nicht einen einzigen Abend bei Hause seien, überhaupt sich die Haushaltung zur größten Seltenheit zusammen vereinigt erblicke. Noch mehr Licht über diese dunkle Materie verbreitet der folgende Pfarrbericht: „Das häusliche Leben und die Kinderzucht ist sehr locker, ja in den meisten Haushaltungen hält fast gar kein Band die Glieder derselben zusammen. Da haben Männer, Frauen, Söhne, Töchter, Kinder, da hat Alt und Jung, Groß und Klein sein sog. Lichthaus, wo man, nicht etwa nur einzelne Male, sondern von Martini bis Ostern tagtäglich nicht etwa nur einige Stunden, sondern — die Essenszeit ausgenommen — von Morgen bis spät in die Nacht sich zusammenfindet, wobei der Kinderzucht begreiflich nicht wenig Abbruch geschieht. Es wurden schon wiederholt Versuche gemacht, die Minderjährigen von diesen Lichtstubeten fern zu halten, allein sie blieben und mußten frucht= los bleiben, weil die Väter und Mütter, in diesem Unwesen festgewurzelt, selbst nicht bei Hause bleiben können. Was sollen da die Kinder allein ohne alle Aufsicht thun." — Fürwahr, es ist uns Anlaß mehr als genug geboten, zu einem energischen Feld= zug gegen diese Unmoralität; wir alle, Geistliche und Weltliche, Beamtete und Privaten sollten sich dazu redlich die Hand bieten. Eine edlere und größere, eine segensreichere Aufgabe für alle gemeinnützigen Männer, zunächst der zwei genannten Be= zirke gibt es nicht. Daß frühere Versuche zur Ausrottung dieses Uebels scheiterten, kann nur ein Sporn sein, den Versuch wieder und wieder zu wagen; zuletzt muß er gelingen."

Die Roheit ist ein Zug unserer Zeit. Sie kommt her von dem Unglauben und der falschen Aufflärung. Sie kann nur gebrochen werden, wenn der Mensch sich wieder unterordnet unter einen heiligen Gott, wenn das rohe Herz ein gebildetes wird. An der Rohheit hat eine Schuld die Schwäche in der Gesetzgebung und Gesetzvollführung, die überall dem Einzelnen heraushelfen und nicht weh thun möchte und dagegen dem Ganzen, der Gemeinschaft schadet. An dieser Rohheit hat auch die Kirche und die Schule eine Schuld. In unserer protestantischen Kirche gilt die Autorität nnd das Amt zu wenig. Ich möchte evangelische Freiheit, die Bedeutung der Person nicht an katholische Autorität tauschen, die auch den erwachsenen Mann, den freien Mann noch gängeln will. Aber zu wenig und zu viel verderbt alle Spiel. Wir entlassen auch schon den jungen Menschen der Autorität, und ohne Autorität gibt es für Kinder, für Junge, für Ungebildete und Schwache keine Erziehung. Autorität und Pietät sind die zwei Dinge, die uns höchst Noth thun. Wir achten unser Amt zu wenig, meinen immer nur Alles mit unserer Person auszurichten. Wenn ein junger Lümmel, ein Schulbube, ein Unterweisungsknabe an uns vorübergeht, und er weiß nicht, will er grüßen oder nicht, die Kappe in die Hand nehmen oder nicht, so lassen wir das geschehen und trösten uns: wir können ihn dann wieder unterrichten und ihm alles Liebe und Gute vorstellen. Wer mich nicht grüßt, den unterrichte ich auch nicht; der ist nicht werth, daß ich ihn unterrichte! Erst soll er wissen, was er in diesen untersten Dingen zu thun hat. Schule nnd Kirche haben eine Schuld. Wir leben in einem gar geistigen Zeitalter. Dieses Geistwesen unter allem Volk, diese allgemeine Schulbildung ist noch so neu, gegenüber einer frühern Zeit etwas so Großes, daß man meint, nicht genug darin thun zu können. Man übertreibt's. Man will nur Geist pflanzen. Es gibt Pfarrer und Lehrer, sie dociren, sie unterrichten, bringen Geist auf Geist, Gedanke auf Gedanke, und sehen nicht, daß unterdessen die Kinder sie darüber auslachen, daß sie nicht Acht geben, Dummheiten machen. Ja sie beruhigen ihr schlechtes Gewissen, daß sie auf Ordnung, Gehorsam, Stille zu wenig achten, damit, daß sie den Kindern doch viel Geist, viel Schönes und Herrliches mitgetheilt haben! Es ist Schwäche, es ist Faulheit. Es ist eben leichter, an einem fort zu dociren, geistreich zu sprechen, als aufzupaßen, den Rodel sorgfältig zu führen, Versäumnissen nachzufragen, Lügen nachzuspüren, bis man sie aufgedeckt hat, Fehler consequent und unnachsichtlich zu ahnden und wenn das Schulkind, das Unterweisungskind wochenlang nicht mehr kommen sollte und so der Ahndung sich entziehen möchte. Ein Professor vor Studenten kann geistreich sein, von Witz und Geist übersprudeln, Gedanke auf Gedanke häufen. Aber wir Pfarrer und Lehrer, die wir halbe Zuchtmeister, halbe Polizeimänner sind, die wir das Herz und Gemüth zu bilden haben, wir dürfen nicht so übersprudeln, wir müssen unsern Stoff besser abtheilen, wir müssen zu allermeist Acht geben, ob denn unsere Kinder auch darauf achten, ob sie still und ruhig seien, ob sie brave und rechte Kinder seien, ob sie gute Menschen werden. Wenn mir ein roher Mensch geistreich in's Gesicht schwäzt, ist es mir, als ob er mir Steine in's Gesicht würfe. Trägt er sein Gesuch schön vor und behält die Kappe auf dem Kopf, so denke ich, du bist ein Lümmel! Man sagt: das sei alles nur Form! Ja, ja, ich kenne dieses Gedusel von der Form. Es ist nur Form. Aber wie vieles in der Welt ist Form. Wie viel rohe Form kommt her von einem rohen Herzen? Es ist nur Form. Aber so lange wir nicht Duft und Geist sind, sondern Hüte und Kappen tragen, haben Hüte und Kappen in der Welt etwas zu bedeuten. Es ist nur Form. Aber ist Euch denn bei dieser Formlosigkeit so wohl? Ist es Euch, Pfarrern, gleichgültig, ob Eure Unterweisungsbuben Euch auf der Straße grüßen oder nicht? Ist es Euch, Lehrer, gleichgültig, ob Eure Schulkinder von Euch Notiz nehmen oder nicht, wenn Ihr auf der Straße Euch zeigt? Ist das eine besondere Herrlichkeit, wenn jeder Lümmel den Vorgesetzten angaffen kann und den Hut auf dem Kopf behalten, wenn er ihm ein Gesuch vorträgt? Man kann ihm freilich sagen: Zieh' den Hut ab! Aber ist das etwas Angenehmes und ist das eine besondere Herrlichkeit? Schon Lavater hat gesagt: es sei leichter einem eine Strafpredigt zu halten als ihm zu sagen: er soll die Nase schneuzen. Wir haben in unserm Glarnerland Landsgemeinderedner. Mag noch so viel geschwäzt werden, noch so logisch und richtig, und geschulter als vor alten Zeiten, wenn der Anstand und die Ehrfurcht abnehmen, wenn man dem Landammann, den ersten Herren unehrerbietig in's Wort fällt, unehrerbietig mit ihnen redet, so gebe ich für alles Schwäzen nichts. Rohheit des Herzens ist schlechter, als ein ungebildeter ehrlicher Sinn. Ich habe schon gesagt, was die Rohheit überwinde. Aber die Formlosigkeit bei uns Großen möchte ich nicht unerwähnt lassen. Rathsherren und Richter sollen nicht in allen Farben in Räthe und Gerichte gehen, Pfarrer nicht jeden neuen Hut nachtragen, der in's Land kommt.

Genußsucht. Hier kann ich es kurz machen. Da wird Jedermann einverstanden sein, wo Verdienst ist, wo Fabriken sind, da ist heutzutage auch Wohlleben, Wirthshausleben, Kleiderpracht. Wie ist dem zu wehren? Gegen das Wirthshauswesen sollte der Staat etwas thun. Ich kann nicht begreifen, wie man von Staats- und Gemeindewegen das Sparkassenwesen begünstigt, überall Sparkassen einrichtet und dagegen das Widerspiel der Sparkassen, die vielen Wirths-, Schenk- und Schnapshäuser so ungehindert walten läßt. Es gibt Gemeinden, da ein eigentliches Netz von Wirths- und Schenkhäusern ausgebreitet ist, daß man es nicht besser anfangen könnte, wenn man absichtlich und angelegentlich darauf ausginge, die Gemeinde auszubeuten. Es gibt Gemeinden von 2000 Seelen, in denen an 30 Wirths- und Schnapsorte sind. Man kann nämlich nicht bloß in den Wirthshäusern trinken; wo sie im Stande sind, für ein paar Franken Zündhölzli und Tabak zu halten, da hält man auch ein Dutzend Schnapsgläsli, und die Weiber, die sich sonst scheuen würden, in die Wirthshäuser zu gehen, können da ein Tröpfli zu sich nehmen und ein anderes mit nach Hause tragen.

Wahrlich, da ist es sich nicht zu verwundern, wenn alle bessern Einflüsse nutzlos abprellen. Da können einzelne Fabriken Monat für Monat regelmäßig über 10,000 Fr. baares Geld in die Gemeinde werfen: wo so der Liederlichkeit gefröhnt wird, da ist aller Erwerb ohne Segen. Man sagt: man könne ordentlich sein trotz der vielen Wirthshäuser. Wie schön! Man könnte ja auch sparen ohne Sparkassen und doch hat man Sparkassen errichtet und doch ist es erwiesen, daß durch die Sparkassen viele Tausende erspart werden, die sonst verschwemmt würden. Gelegenheit macht Diebe. Wenn Jedem ein Wirthshaus vor die Nase gestellt ist, so geht er eher hinein, als wenn er es etwas weiter weg aufsuchen müßte. Wenn für jeden Lumpen noch eine lumpigere Wirthschaft vorhanden ist, als er selber ist, so wird mehr gelumpt, als wenn nur wenige und anständige Wirthshäuser vorhanden wären. Aber statt daß das Wirthshaus, wie es sein sollte, den Einzelnen zu sich hinauf hebt, steigt es zu ihm hinunter, wird wie er ist, ja niedriger. Sollte da nicht die Gemeinschaft sprechen können: wir in unserm Interesse verordnen, daß auf so und so viel Seelen nur ein Wirthshaus sein dürfe? Oder sollte man die Wirthshäuser nicht so besteuern dürfen, daß Manchem die Lust verginge, neben seinem Dutzend Zündhölzli auch noch ein Dutzend Schnapsgläsli zu halten. Mit dieser einfältigen Gewerbefreiheit! die hat schon hundert Löcher. Es darf auch nicht Jeder Gift verkaufen; es darf auch nicht Jeder Postmeister sein; es darf auch nicht Jeder einen Omnibus neben der Post führen. Die Gewerbefreiheit ist vielfach beschränkt.

Gegen das Wirthshauslaufen wird viel wirken, wenn der Arbeiter, wenn der arme Mann — von den Weibern rede ich nicht, die bleiben dumme Geschöpfe — zu der Einsicht gelangt, daß wenn er für 11 Rappen ein Quärtli neue Milch, also genau so viel, als eine Halbmaß Wein faßt, genießt, er besser genährt ist, als wenn er für das vier- und fünffache Geld gleich viel Wein oder Schnaps trinkt. Vernunft wird hier etwas ausrichten, Schule und Unterweisung, wenn sie sich herablassen, den Menschen auch etwas von den natürlichen Dingen zu sagen.

Gegen das Wirthshauslaufen wirkt am meisten, wenn wir ein freundliches eigenes Häuschen haben und ein liebes Weib drin. Manche sagen: sie blieben auch bei Hause, wenn sie bei Hause etwas hätten, das sie freute. Aber sie haben kein eigenes Haus, haben keine Ordnung im Hause, keine Reinlichkeit, kein freundliches Wesen, kein liebes Weib, kurz, es fehle überall. Eigene Häuser können wir nicht Alle haben, können es nie Alle dazu bringen, aber weit mehrere, als wir denken, könnten es dazu bringen, wenn sie wollten. Hier müßt ihr also auf der einen Seite selber wollen und auf der andern müssen Andere, reiche Leute, Fabrikherren u. dgl. mithelfen. Wo Fabrikindustrie ist, da ist gewöhnlich Wohnungsnoth. Sie vermehrt auf ihren Plätzen die Bevölkerung sehr rasch, theils durch eigene bedeutende Produktion, theils durch Zufluß von Fremden, die aus andern Gegenden zu den industriellen Dörfern und Städten hinzuströmen. Es gibt immer viel Leute, die es daheim in der That zu schlecht haben, keinen Verdienst, oder denen es zu eng wird, die lieber in der Fremde, in andern Gemeinden sich herumtreiben. Es gibt presthafte Menschen, die auf dem Lande bei Taglöhnerarbeit nicht zu brauchen wären, Menschen, die nichts gelernt haben. Alle diese strömen den industriellen Orten zu, strömen in Städten und zerstreuten Dörfern wieder in die Nähe der Fabriketablissemente. Die Zunahme an Wohnungen hat nun an den wenigsten Orten Schritt gehalten mit der Zunahme der Bevölkerung. Ich bin nicht der Meinung, daß man für alle Arbeiter das Bauen und Häuserhalten übernehme. So soll man eine Last und Pflicht von einem ganzen Stande nicht wegnehmen, so soll man Rechte und Genüsse einem ganzen Stande nicht entziehen. Natürlich würden das die Arbeiter selber nicht geschehen lassen. Aber viele sind, die nicht selber bauen und ein Haus halten können, die dann genöthigt werden, sich immer dichter zusammen drängen zu lassen, für schlechte Winkel immer höhere Preise zu zahlen, die nie die Aussicht bekommen, einmal Eigenthümer eines eigenen Häuschens zu werden, denen soll die Gemeinschaft nachhelfen. Da ist für Kapitalisten, die nicht gerade Handel treiben, ein prächtiges Feld gemeinnütziger Thätigkeit, gemeinnütziger Thätigkeit, die bei allem Schönen und Guten auch noch ihre Prozente abwirft; denn vor dem Glauben hüte man sich nur, daß Alles, was zum Wohl der ärmern Klassen unternommen wird, namentlich auch in Bezug auf die Wohnungsfrage, nothwendig Schaden bringe, daß man da von vornherein auf jede billige Entschädigung verzichten müsse. Es gilt auch hier das Wort: Trachtet am ersten nach dem Reich Gottes und seiner Gerechtigkeit, so wird euch ein billiger Zins zufallen. Freilich schwindelnde Zinse, Börsenspiele und Abenteuerliches gibt es hier nicht. Aber sollte es nicht auch noch Leute geben, die mit einem vernünftigen Zins zufrieden wären?

„Wir gingen auch weniger in's Wirthshaus, wenn wir ein anderes Weib hätten; aber wir haben auch darnach ein Weib!" Von den Kindern sage ich nichts. Die Kinder sind mehr unser eigen, sind mehr unsere Sache als das Weib; die Kinder können wir noch mehr haben, wie wir wollen, und wären sie auch ungerathene Kinder, schwächliche Kinder, kränkliche Kinder: ein schlechter Vater, wer von seinen Kindern wegläuft! Aber das Weib, wenn das eine Beißzange ist, wenn das ein unreinliches, schmutziges Mensch ist? Da weiß ich keinen Rath. Da siehe du zu, wen du nimmst. Meine nicht, wenn du einen Drachen geheirathet hast, daß man ihn dir mit einem Broschürchen zu einem Lamm umgestalten könne.

Wir sind gar entsetzlich leichtsinnig! Bei den vielen Versorgungs- und Rettungsanstalten, weil so viele Pfarrer sind, Aerzte, Lehrer, Krankenkassen, Alterskassen, Frauenvereine, da meint man, könne man Alles wieder zurecht machen; da könne man drein fahren, wie man wolle, so dumm und tölpelhaft, als man will, könne liederlich sein, flott sein, Alles werde wieder zurecht gemacht. O nein! Es gibt ein Glück, das man unrettbar zerstören kann. Es gibt Dinge, die, wenn du sie verscherzt hast, zertrümmert hast, sie kommen ewig nicht wieder! Bei allen Rettungs- und Versorgungs- und Bewahrungsanstalten wird es dir nicht mehr gegeben. Nimm dir zuerst ein rechtes Weib. Aber so ganz trostlos wollen wir dich nicht lassen. Hast du fehlgegriffen, ist dir der große Wurf nicht gelungen: wahrlich mit dem Verlaufen ins Wirthshaus machst du die Sache nicht besser. Versuch' es wenigstens, ob du an deiner verfehlten Heirath nicht noch etwas bessern könnest. Siehe, ob Belehrung, Geduld, gutes Beispiel, Liebe, Sanftmuth nicht noch etwas ausrichten, ob in dein unfreundliches, unerquickliches Hauswesen nicht noch einiges Licht eindringen könne, ob der Bruch sich nicht noch heilen lasse.

Aber was soll der unverheirathete Arbeiter thun, der kein Heimwesen hat, der, wie es in Städten unter diesen Tausenden von Arbeitern vorkommt, keine Möglichkeit hat, ein eigenes Hauswesen zu gründen? Ist der nicht nothwendig an's Wirthshaus gewiesen? Da weiß ich nur einen Rath. Er muß nur wollen, er muß nur brav sein, so wird er sich in irgend einer Weise am Sonntag beschäftigen können, ohne in das Wirthshaus zu gehen, so wird er an irgend einen häuslichen Kreis sich anschließen können, ein paar Genossen finden, mit denen er sich zu Besserm und Schönerem vereinigen kann. Man bietet einem ja heutzutage in Städten so viel Anlässe und Gelegenheiten, so viel zur Unterhaltung und Belehrung, Orte und Stoffe, Lehrer und Bücher; man kann bald nur sagen, was man wünsche, so ist es da. Wie es im Hause dem verheiratheten Mann gegenüber das Beste und Wichtigste ist, daß ein braves, wackeres Weib daheim ist, das uns auch anzieht, so ist bei unverheirathetem Volk das Beste, wenn ein innerer guter Kern da ist, wenn man brav ist.

Ueber die Hoffarth sage ich wenig. Weibern ist nicht gut predigen. Da müssen die Männer, die Väter das Beste thun; die müssen zu ihren Töchtern sprechen: iß du ein Stückchen Brod, trink Milch; ich will dir, so gut ich es vermag, auch etwas Fleisch und Butter anschaffen. Dann bekommst du ein ordentliches Aussehen, hast etwas Fleisch um deinen Leib, hast eine gesunde, reine Haut; in den Augen ist Leben, sie bewegen sich auch; sie glänzen, wenn man in sie hinein sieht, und das ist dann die schönste Pracht. Dann giltst du bei einem vernünftigen Knaben viel mehr, als wenn du um ein armes Knochengestellchen viele schöne Röcke und gar etwas Seidenes hast. Kleide dich mit einfachem, solidem Stoffe. Nur vernünftig muß es gemacht sein, ein Sack soll es nicht sein. Es soll den schönen Gottes Leib nicht verhunzen. Wie ein altes Weib mußt du nicht sein; ein dunkles Tuch mußt du mir nicht um den Hals tragen, sondern ein weißes Kräglein; das steht der Jugend schön. Aber nur ein glattes, aus einfachem baumwollenem Zeug geschnitten, daß man für einen Franken viele bekommt. Durchbrochene sollen die Herrenfrauen tragen; ja ein paar schöne Kragen müssen im Glarnerland auch sein. Herrenleute sollen reiche Spitzen tragen, sie recht bezahlen, daß die Spitzenmädchen im Appenzellerland auch zu verdienen bekommen. Nur wir, die wir es besser an Salz und Schmalz geben, wir wollen keine Dummheiten machen.

IV.
Was können wir ferner thun, um das Familienleben freundlich und schön zu gestalten?

Ich mache diesen Abschnitt eigentlich nur, um wieder etwas auszuruhen; sonst gehört alles zusammen. Ich habe von den Wirthsleuten gesprochen, wie durch diese übermäßig vielen Wirthschaften den Leuten das Geld aus der Tasche gelockt wird. Es fehlt an manchem Orte nichts, als daß sie noch einen Präsidenten erwählen und Statuten machen. Das Geld wird den armen Leuten noch auf andere Weise aus den Taschen gezogen, und wenn ich an die Zehn= und Zwanzigtausend Franken denke, die in mancher Gemeinde Monat für Monat an baarem trockenem Geld in den Fabriken ausgetheilt werden, so thut es mir in der Seele weh, wie viel von diesem sauer erworbenen Geld zu Grunde geht, nämlich zwischen Stühle und Bänke hinunterfällt, Leuten zu gute kommt, die **gar kein Recht darauf haben**, und so, daß wir, die es geben, auch nichts dadurch zu genießen haben. Ich meine die unendlich vielen Klein= und Kleinigkeitenhändler, die sich zwischen den Erzeuger und den Verbraucher hineinstellen; ich meine dieses Schmarotzergewächs, das sich über die arbeitende Klasse lagert und ihr so viel Mark auszieht. Handel muß sein in der Welt; das versteht sich von selbst; auch Kleinhandel. Wir können nicht alle unsere Sachen direkt aus Ostindien beziehen. Aber zu wenig und zu viel, verderbt alles Spiel. Es ist Thatsache: wenn einer zu faul ist, selber in die Fabrik zu gehen, ein strenges, Arbeit erforderndes, bescheidenes Handwerk zu treiben, so nimmt er etwas Waare ins Haus, meistens auch etwas Trank, läßt ein Buffet machen, kauft Waage und Gewicht, und beginnt ein wenig zu handeln. Er stiehlt für sich dem lieben Gott die Zeit. Denn das ist keine Arbeit für einen Mann. Er verleitet leichtsinnige Leute, die es mit dem Schuldenmachen leicht nehmen, daß sie bei ihm ansetzen. Sie kommen immer in neue und mehr Schulden. Bezahlt muß sein. Stößt er sie nicht über den Haufen, so kann er ihnen, im Glarnerland wenigstens, in der Fabrik den Zahltag verlegen, d. h. er kann ihnen durch ein Rechtsbott den halben Lohn wegnehmen. Die Leute, die so Schulden machen, sind freilich die größte Schuld daran selber; aber es ist doch eine Schande, daß man den oft ungeschickten Arbeiter, den einfältigen Tropf von Hausvater so in allerhand Stricke hinein nehmen kann. Erst sprengt man ihn dem alten Kreditor, mit dem er früher zu thun hatte und den er zahlen sollte, ab; dann lockt man ihn mit der neuen Waare und der neuen Waage, und man habe gar schöne neue Bücher, in die man schon ein Schuldchen einschreiben könne; und am Ende erwürgt man ihn. Man setzt ihm auf's Häuschen, läßt sich Hausrath verpfänden, ein zu erwartendes Bettelerbchen verschreiben, kauft ihm sein Häuschen ab; verspricht ihm: er könne dann da und da, im frühern Häuschen wieder schön zur Miethe wohnen, und das sei ein sorgenfreieres Leben, als wenn man alle Jahr so an einer alten Hütte „anmachen" müsse.

Ich kann diesem Unfug nicht abhelfen. Aber an Euch wende ich mich, Arbeiter, seid ihr vernünftig, nehmet Lehre an. Eine große Ursache unserer Freudlosigkeit und daß es mit uns nicht vorwärts will, sind die Schulden, überhaupt dieses grenzenlose auf Kredit Nehmen, das vorgegessene Brod. Rechte Leute, wenn sie Schulden haben, wenn sie einen Monat lang, ein Vierteljahr lang ihre Kost auf Kredit genommen haben, wenn der Zahltag kommt, geben sie gern den ganzen Lohn oder so viel als davon erforderlich ist, um diese Schulden wieder abzuzahlen. Aber lieber wäre es uns doch, auch wenn wir rechte Leute sind, wenn wir den Lohn blank in die Hände bekämen und das Geld auch eine Zeit lang unser wäre, wenn wir dann mit dem Geld gehen könnten und kaufen, was wir nöthig hätten oder wollten, und was wir dann nicht wollten, daß wir dafür das Geld behalten könnten. Wir würden weniger kaufen, wenn wir jedesmal das schöne Geld ab der Hand dafür geben müßten. Größere Kinder, erwachsene Kinder könnten uns weniger bestürmen, ihnen dieß und das anzuschaffen. Nur schreiben läßt man schon; das kostet im Augenblick nichts. Ich bekomme schöne Sachen und dagegen werden nur einige Buchstaben gekrizelt; das ist gar nicht zu vergleichen mit dem, was ich Schönes bekomme; das ist gar kein Gegenwerth. Wir würden weniger ausgeben, wenn wir Alles baar bezahlten. Wenn man schreiben läßt, und notirt nicht selbst Alles auf, was an den wenigsten Orten geschieht, so meint man, es sei nicht so viel, die Rechnung sei nicht so gar groß; man habe ja nur ein paar Mal etwas geholt, nur weniges machen lassen. Das Gegessene ist aber bald vergessen. Wenn die Rechnung kommt, erschrickt man: Ist das so viel? Das hätte ich doch nie geglaubt! Es kommen von verschiedenen Seiten Rechnungen. Da gibt's dann ein Staunen und große Verlegenheit. Altjahrabend und Neujahr könnten schöne Zeiten sein. Manchmal freilich ist's ein gar wehmüthiges Geläute; aber oft verderben einem diese verdammten Conten den Altjahrabend. Dazu kommt dann noch, daß es nicht selten Streit absetzt. „Du bist dieser Hoffarthsnarr! du meinst immer nur: Holen! Du bist dieser Freßpatsch! du meinst immer nur: Essen!" Es gibt Reibungen oft mit den Kreditoren. Man meint: Dieses und jenes habe man nicht bezogen, oder nicht so viel, oder nicht zu diesem Preis. Kurz, Ungelegenheiten genug, um einem den Altjahrabend gründlich zu verleiden.

Ein weiterer Vortheil! Um das baare Geld bekämen wir alles billiger und bessere Waare. Mit dem baaren Gelde kann man an rechte Orte gehen, wo sie gute Waare haben. Warum müssen wir oft so theuer einkaufen, warum müssen wir oft so schlechte Waare annehmen? Weil wir kein Geld haben, weil wir immer nur müssen schreiben lassen, weil wir zu den geringsten Händlern gehen müssen, die den schlechtesten Zahlern noch geben. Und wenn wir uns so an die schlechteste Waare und an die theuerste Waare halten müssen, also schon zweimal mit doppeltem Faden genäht haben, werden wir zum Dritten manchmal noch mit Schreiben betrogen. Viele arme Leute werden noch mit Schreiben betrogen. Das Papier trägt viel und schlechter Leute Gewissen noch mehr. Wir sollten sparen, Hunger leiden, um aus diesem elenden auf Kredit Nehmen herauszukommen; wir sollten die Erdäpfel trocken essen, bis wir es einmal dahin gebracht, daß wir unsern Lohn ganz in die Hände nehmen könnten und sagen: Du bist jetzt unser! Was wir jetzt wollen, das bezahlen wir baar. Solches Geld, das wir an theure Waare, an schlechte Waare, an schlechte Schreiber geben müssen, das ist das allertraurigste Geld, das ist geradezu Blutgeld, das wir uns selber unter den Nägeln hervorgepreßt haben. Baares Geld, mit dem wir wohlfeilere Waare, bessere Waare bekommen, mit dem wir nicht betrogen werden können, für das man uns nicht alte Zinsen und Zinseszinsen aufrechnet, das bringt größern Gewinn, trägt größere Zinsen, als das Geld in der Sparkasse.

Von dem schönen und herrlichen aber sauer erworbenen Gelde der Fabrikarbeiter geht also gar viel verloren dadurch, daß wir unsere Bedürfnisse, unsere Lebensmittel, unsere Kleiderstoffe aus der zehnten und zwölften Hand erst beziehen. Wir lassen zu viel Zwischenhändler zwischen uns und den Erzeugern der Nahrungsmittel hineintreten. Fabrikarbeiter können ihre Bedürfnisse nicht aus den Seehäfen beziehen. Allen Zwischen=

handel wollen wir nicht aufheben. Ein rechter Mittelstand, rechte Wirthe, rechte Händler, rechte Handwerker sollen sein. Aber zwischen diesen Mittelstand und die Arbeiter soll sich nicht noch ein falscher Mittelstand eindrängen, ein Stand, der es doch nicht weiter bringt, als man es beim Arbeiten bringt. Wer sich nicht in jenen Mittelstand emporschwingen kann, der soll produciren als Arbeiter in der Fabrikindustrie oder mit der Schaufel in der Hand, und nicht bloß vegetiren. Wer nicht lang genug ist für den Wagen, der gehört in den Karren. Ich möchte nicht zu allerhand großartigen Vereinen, die ihre Statuten vom Bundesrath genehmigen lassen, auffordern. Aber daß jeder Arbeiter, überhaupt jeder kleine Mann, der ähnlich wie die Fabrikarbeiter sich leicht mit andern verbinden könnte, nur für sich und vom letzten und entferntesten Kleinhändler seine Sachen bezieht, daß so viele leere Strohdrescher sich eindrängen können, das ist vom Uebel. Fabrikarbeiter, auch wenn sie kein eigenes Bäckereigeschäft, keinen großen Konsumverein stiften können, sollten sich doch in kleinere oder größere Gesellschaften mit einander vereinigen und ihre Bedürfnisse von einem größern Geschäftsmann gemeinsam beziehen. Sie könnten doch zu einem Bäcker, einem Schuhmacher, einem Mehlhändler sprechen: wir wollen unsern Bedarf an Brod, an Schuhwerk, an Mehl bei dir beziehen, halte uns recht, gib uns gute Waare, billige Waare, da ist das Geld. Viel schönes, sauer erworbenes Geld könnte auf diese Weise erspart werden und wir hätten bessere und solidere Waare. Reiche Leute, Leute, die ihr Geld sorgenlos geerbt haben, könnten schon eher solche Zwischenhändler unterhalten, könnten schon eher ihre Bedürfnisse vom Nachbar Hans und Heinrich beziehen und nicht nachfragen, wie viel jetzt durch diese vielen Hans und Heinrich auf die Waare gekommen sei. Aber Arbeitergeld, Fabrikarbeitergeld, Geld, das man sauer und bitter verdient hat, zu dem soll man Sorge tragen, das sollte man für Leeres und Nichtiges, das sollte man für Zwischenträger nicht ausgeben. Aber so ists: Wer da hat, dem wird gegeben, auf daß er die Fülle habe, und wer nicht hat, von dem wird auch noch gewonnen, was er hat. Die Reichen beziehen ihre Sachen aus China und Japan und wir arme Schlucker müssen den Branntwein kaufen, wenn er uns vom Zürichsee her über Haslen auf einem Schlitten Schoppenweise in die Häuser gebracht wird. Das könnte anders werden! Wir sollten uns wehren, bis wir etwas hätten; wir sollten hungern, bis wir auf dem Punkt wären: Jetzt haben wir etwas. Hat man diesen Punkt erreicht, steht der Thermometer über Null, so geht es vorwärts. Denn es heißt nicht bloß vom großen Reichthum, daß wer habe, noch mehr bekomme, nein, wenn es nur einmal tagt, wenn wir nur etwas gefaßt haben, wenn wir nur einen festen Boden unter uns spüren, geht es vorwärts.

Dem Familienleben wird aufgeholfen durch eine gute Schulbildung. Die Hauptsache ist, daß der Arbeiter brav sei, daß viele gute Mütter sind. Aber verständig muß man dabei sein, nützliche Kenntnisse muß man besitzen. Wenn ein Hausvater seinem Hauswesen wohl vorstehen will, über Einnahmen und Ausgaben Buch und Rechnung führen, so muß er schreiben, lesen und rechnen können. Wenn er seinen Kindern in den Abendstunden Geschichten erzählen will, am Sonntag einen vernünftigen Spaziergang in's Freie mit ihnen machen, so sollte er etwas von der Geschichte und Geographie verstehen und auch ein weniges von der Natur. Wenn er mit ihnen in der Bibel lesen will und ein schönes Lied mit ihnen singen, so sollte er auch etwas vom Gesang verstehen. Nicht minder wichtig ist, daß die Hausmutter auch etwas verstehe. Zinsrechnungen wird es ihr nicht viel treffen, denn den Zins rechnet der Mann aus; auch Gesellschaftsrechnungen nicht, denn in Gesellschaften soll sie wenig gehen. Was sie an Geographie und Geschichte nöthig hat, das kann ihr der Mann in den

Abendstunden sagen. Sie soll nur lesen, rechnen, schreiben und singen können. Alles andere soll ihr dann durch die Arbeitsschule als Unterricht in praktischen Dingen mitgetheilt werden. Die Arbeitsschule ist für die Frauen ein sehr wichtiges Ding. Auf diese Arbeitsschulen sollten wir großen Werth und große Bedeutung legen. Durch gute und weise Weiber wird das Haus erbauet; eine gute und weise Mutter ist zur glücklichen Gestaltung und Führung des Familienlebens geradezu die Hauptsache. Auf gute und weise Erziehung der Mädchen sollten wir ein großes Gewicht legen, nicht thöricht denken: für die Mädchen ist's bald gut genug, wenn nur die Knaben etwas werden! Nein, die Mutter ist die Seele des Hauses und von der Mutter, wißt ihr, gibt es dann auch Knaben. Die Mädchen müssen wir gut bilden, namentlich durch die Arbeitsschulen. Für die Knaben sind besondere Arbeitsschulen nicht so nöthig. Der Knabe lernt die Arbeit vom Vater, wenn der Vater ein Handwerker oder Landwirth ist. Wird der Knabe für die Industrie bestimmt, nun das lernt er dann in der Fabrike; dafür brauchen wir keine besondern Arbeitsschulen. Geht der Knabe dann als Mann, als Jüngling oder als Hausvater in die Fabriken, das ganze Jahr lang regelmäßig, so hat er das Seine ziemlich gethan; mehr und besondere Arbeit, dazu er schon als Knabe sollte angeleitet werden, wird es ihm nicht treffen. Ein Kind auf das Knie nehmen, wenn die Mutter viel zu thun hat, und es rütteln, bis es einschläft, lernt er ohne Arbeitsschule; das sagt ihm die junge Frau schon, und will er zwischen der Fabrikarbeit einen kleinen Garten, ein Stück Land rationell bebauen, so lernt er das in freien Vorträgen, die der Lehrer im Winter hält oder durch ein gutes Buch. Die Mädchen müssen Arbeitsschulen haben; ihnen trifft es häusliche Arbeiten, die sie später nicht mehr in besondern Anstalten oder bei Jemanden, der sie besonders gut versteht, lernen können. Wenn sie zwölf oder vierzehn Jahre alt sind müssen sie in die Fabriken gehen, können also in der Zwischenzeit nicht mehr viel anderes lernen, selbst wenn es die eigene Mutter gut verstände, was aber gar oft nicht der Fall ist. Und wenn sie es auch verstände, so gut wie eine gebildete, darauf studirte Arbeitslehrerin kann sie es nicht. So geschieht es denn, daß solche Mädchen, wenn sie ohne Arbeitsschule bis in's zwölfte Jahr geblieben, dann in die Fabrik gegangen sind bis zur Hochzeit, als junge Frauen nicht einmal wissen, ob man Butter oder Schmalz zum Stärkekochen anwendet. Die Mädchen müssen in den Arbeitsschulen unter einer guten Lehrerin allerhand weibliche Arbeiten machen und beim Flicken von Schadhaftem und Zerbrochenem vor zwei Abwegen gewarnt werden. Es gibt in der Welt zweierlei Leute. Die einen tragen ein neues Kleid bis es schmutzig und zerrissen ist, dann werfen sie es auf die Seite. Die andern flicken daran herum bis es am Ende nur noch aus dem Faden besteht und den Lappen, die man drauf genäht hat und Zeit und Material viel mehr kosten, als wenn man das Stück ganz neu gemacht oder gekauft hätte. Solche Leute nähen an alten Westen ganze Reihen neuer Knopflöcher und wenn sie mit dem letzten fertig sind, merken sie, daß das ganze Stück nicht mehr an der Weste hält. Wenn ihnen die Mäuse ein Zulplümpchen, „Lüllihudle" in der Nacht zerbissen haben, setzen sie am Morgen ein neues Läppchen sorgfältig ein und wenden dabei einen Viertelstag Zeit an. In den Arbeitsschulen sollen die Mädchen auch etwas zu hören bekommen über die Nahrungsmittel; wie man die verschiedenen Arten derselben aufbewahre, am vortheilhaftesten zubereite, welche die nützlichsten seien. In den Arbeitsschulen sollen die Mädchen Ordnung, Reinlichkeit, Einfachheit lernen, namentlich auch in Bezug auf ihre Kleidung, Sinn und Geschick bekommen, wie man daheim ohne große Kosten über festliche Zeiten und freudige Anlässe ein kleines Fest bereiten, ein kleines Vergnügen anordnen könne. Die Weiber gehen nicht in die Wirthshäuser, die Männer gehen. Die Weiber bringen die Männer am ehesten aus den Wirthshäusern, überhaupt aus allem übertriebenen gesellschaftlichen außer das Haus Fahren zurück, wenn sie gute, gebildete Weiber sind, wenn sie es verstehen, einem das Haus und das Leben daheim so angenehm und freundlich zu machen, als es hienieden unter dem wechselnden Monde und bei kleinen Einkünften möglich ist. Ueberhaupt müssen wir die Mädchen anleiten, häusliche Sitten und Bräuche zu pflegen. Die Schule, d. h. die Volksschule muß die Kinder nicht zu allgemeinen Menschen bilden wollen. Die Volksschule soll brave Kinder, tüchtige Glieder des H a u s e s erziehen. Ein Mensch wird man später.

Unserm Familienleben fehlt insbesondere die fromme Sitte; im Familienleben beruht gar viel auf der Sitte. Guizot, — das wird für viele ein spanisches Dorf sein, ist aber im Grunde ein berühmter französischer Minister — sagt irgendwo: „Die Familiengefühle und Familienpflichten haben heutigen Tages eine große Macht. Ich sage die Gefühle und Pflichten, nicht: der Familiengeist, wie er in unserer alten Gesellschaft bestand. Die staatlichen und gesetzlichen Bande der Familie haben sich abgeschwächt, die natürlichen und sittlichen Bande sind sehr stark geworden; nie vorher haben die Eltern so liebevoll und innig mit ihren Kindern gelebt, nie waren sie so besorgt um deren Erziehung und Zukunft. Obschon sehr gemischt mit Irrthum und Uebel, war der starke Anstoß, den Rousseau und seine Schule in diesem Sinn den Gemüthern und den Sitten gaben, nicht vergeblich, und es sind jetzt noch die heilsamen Spuren davon bemerkbar. Selbstsucht, weltliche Verderbniß und Leichtfertigkeit sind allerdings nicht selten, die Grundfesten der Familie selbst waren vor Kurzem und sind noch jetzt wahnsinnigen und ruchlosen Angriffen ausgesetzt und doch, wenn man unsere Gesellschaft im Ganzen, in den Millionen Existenzen betrachtet, die kein Geräusch machen, aber eben doch den Staat bilden, so sind darin die häuslichen Tugenden und Familienzuneigungen herrschend und machen mehr als je zuvor aus der Erziehung der Kinder den Gegenstand der lebhaftesten und nie rastenden Sorge der Eltern." Ja so ist es; die natürlichen Zuneigungen der Eltern zu den Kindern sind groß; sie lieben die Kinder sehr, sie thun sehr viel für ihre Erziehung. Man denke nur an unser Schulwesen, das gegenüber der frühern Zeit ein ganz anderes ist; jetzt schickt man auch die ärmsten Kinder mindestens bis zum zwölften Jahr in die Schule; früher ging nur, wer wollte; früher waren es nur die wohlhabenden Eltern, die so für ihre Kinder sorgten; jetzt thun es auch die ärmsten. Man sehe, wie sich die Eltern mühen, ihre Kinder zu versorgen, ihnen ein Brod, eine Beschäftigung, ein Unterkommen zu verschaffen. Ja, diese natürliche Liebe der Eltern zu ihren Kindern ist in hohem Maaße vorhanden. Aber der Familiengeist, die alte Familiensitte, die strenge, in großen Ehren gehaltene, von großem Segen begleitet gewesene Familiensitte ist nicht mehr vorhanden. Wir sind in unserm Drang nach Geist und Freiheit zu viel von der Form und von der Sitte abgewichen. Man hat gemeint, das sei Alles nur leerer Schein, unwürdiger Zwang, leere Formel. Beim Familenleben beruht gar viel auf Sitte. Wir haben mit der frühern Zeit den Zusammenhang verloren, sind aus Zwang und Schranke, aus schönen Formen heraus plötzlich in's Leere und Weite gekommen und irren da herrenlos umher, sind der Formen und des Zwanges entledigt, aber weil wir doch noch Fleisch und Bein an uns haben, äußere, sinnliche irdische Wesen sind, in einer unerquickten, unfreundlichen Lage. Es ist eben nicht gesagt, wenn die Form und der Zwang weg sei, dann sei voller und prächtiger Geist, alles zur Genüge da. Es ist dann oft mit dem Geist auch aus. Man rühmt sich z. B. jetzt, daß man des zornigen Gottes los sei. Ja es ist wahr. Aber hat man deswegen den Vater der Liebe? Die Furcht vor Gott ist gewichen; aber damit ist nicht gesagt, daß Liebe zu Gott vorhanden sei. Es ist vielleicht gar nichts vorhanden.

Man streitet viel darüber, ob die Form den Geist erzeuge oder der Geist die Form. Die einen sagen: wenn der Geist da ist, kommt dann die Form von selbst; ohne Geist ist die Form, die ihr aufzwängen wollt, etwas Leeres. Habt also Geduld bis der Geist da ist. Die andern sagen: ja da könnten wir lange warten. Purer, nackter Geist kommt nicht so von selbst; zuerst die Form, dann kommt mit und unter ihr auch der Geist. Das kommt mir vor wie wenn der Kanton Bern sagt: wir entlassen keine Braut, bevor sie nicht im Kanton Glarus in's Bürgerrecht aufgenommen ist, und der Kanton Glarus spricht: und wir nehmen keine auf, bevor sie nicht im Kanton Bern aus dem Bürgerrecht entlassen ist. Da schwebt dann die arme Braut zwischen beiden Regierungen mitten innen, bis die eine nachgibt. Form und Geist sind Mann und Frau. Wenn jedes einen Kopf macht, gibt's lange nichts Vernünftiges. Geben sie einander nach, so kann etwas daraus entstehen. Form und Geist sollen einander etwas nachgeben. Von der rechten Form, die bei mir aus Geist hervorgegangen, kommt bei dir, dem ich die Form zumuthe, nach und nach auch Geist, d. h. dein Geist, der in dir war, aber nicht so stark oder so geartet, daß er eine Form hervortrieb, wird geweckt durch die Form, wächst und erstarkt an ihr. Daß du dann andere Formen, die für mich das sind, was meine Form dir war, hervortreibst, versteht sich von selbst. Ein Beispiel: Ich wünschte, daß du betetest. Nimm am Samstag Abend, nachdem alle Geschäfte gethan sind, das Abendessen abgetragen, der Tisch rein, die Stube aufgeräumt ist, nachdem Gott dich und deine Kinder eine ganze lange Woche gesund und wohl erhalten und mannigfach gesegnet, nimm deine Kinder um dich herum an den Tisch. Lege ein schönes Buch mit deutlichen schönen Buchstaben und recht eingebunden auf den Tisch, laß von den Kindern langsam und deutlich der Reihe nach etwas vorlesen aus der heiligen Schrift. Und du wirst durch dieses Stillewerden, durch die aufgeräumte Stube, durch die Samstagsruhe, durch das reinliche und ordentliche Sitzen deiner Kinder um dich herum, durch das laute und schöne Lesen, durch die schönen Worte der heiligen Schrift unwillkürlich zum Beten kommen, denn der Geist des Dankens ist im Menschen!

Es fehlt unserm Familienleben hauptsächlich die fromme Sitte. Ich kann jetzt nicht alles aufzählen, was wir machen müssen, damit es besser werde. Aber Einiges will ich nennen. Wir müssen nicht katholisch und reformirt durch einander heirathen. Im alten Testamente war es verboten, Gewebe aus Wollenem und Leinenem zu tragen. Gemischte Ehen sind nichts werth. „Einige Liebe ruht in Einem Gott." „Aus Verbindungen, die nicht bis in's Innerste der Existenz gehen, kann nichts Kluges werden." Im Jahre 1605 schloß der katholische Graf v. Sulz mit dem evang. Fräulein von Hohnau ein Ehebündniß. Der Bräutigam gelobte urkundlich: „Ich verspreche bei meinem gräflichen Worte, meine Gemahlin bei ihrer Religion zu lassen. Ich habe zwei Bibeln, sie lese nur tapfer darin. Ich heirathe nicht ihre Seele, sondern ihren Leib. Will sie nicht in den Himmel, so fahre sie in die Hölle." Das ist die Geschichte vieler gemischten Ehen. Man verspricht einander alles Gute, liebt einander. Aber eben weil man einander liebt, möchte man einander auch retten. Und wenn der widerstrebende Theil sich gar nicht will retten lassen, so wird man eifrig; denn in der Liebe ist Eifer, und wenn alles nichts nützt, so heißt es wie beim Grafen Sulz: so fahre meinetwegen in die Hölle! Was es dann für eine gute Suppe gibt nach solchem Wortwechsel und wie der Mann sie genießt, das kann man sich vorstellen.

Wenn wir Hochzeit machen, müssen wir nicht in einem einsamen Chaischen aus unserm Dorfe wegfahren und uns unterwegs in einer andern Gemeinde, wo sie vielleicht noch ein schlechtes Geläute haben, trauen lassen, und dann den Tag einsam und allein zubringen. Wir müssen Hochzeit machen, daß man es merkt. Wir müssen uns in der eigenen Gemeinde trauen lassen; sollen auch nicht auf der Eisenbahn wegfahren. Auf die Eisenbahn kommt man im Ehestand ohnedieß. Wir müssen mit unsern Freunden und Verwandten zusammensitzen, im eigenen Hause oder im Wirthshause, kurz, so Hochzeit halten, daß wir unser ganzes Leben lang etwas, und zwar etwas Freudiges und Fröhliches davon im Gedächtniß behalten.

Wenn wir ein Kind zu taufen haben, so müssen wir die Namen nicht aus aller Herren Länder zusammen lesen, nicht Heinriette und Heinrike taufen, sondern nach gutem altem Brauch aus unserer Verwandtschaft. Höhere Befehle nehme ich aus, und wo Geheimnißvolles im Spiele ist, ziehe ich den Hut ab. Aber sonst war die Verwunderung der „Nachbarn und Gefreundeten", daß ein Zacharias einen Johannes bekommen sollte, eine ganz vernünftige. „Ist doch Niemand in deiner Freundschaft, der also heiße!"

Wir sollen uns nicht, die Einen von den Kindern „Duzen" lassen und die Andern „Sieen", daß die Kinder auf den Gassen zu einander sagen: „Mußt du deinen Vater buzen oder ihren?" Sie sollen uns am Morgen beim Aufstehen und am Abend beim Schlafengehen die Zeit wünschen. Wenn wir ihnen etwas geben bei Tische oder sonst, so sollen sie kein zuckersüßes Gesicht machen müssen oder viele heuchlerische Worte, aber ein deutliches und bestimmtes: Ich danke Euch! Wenn Neujahr da ist, müssen wir nicht so gleichgültig sein, daß wir uns nicht einmal in Acht nehmen, ob die Kinder uns das Neujahr wünschen oder nicht, nicht so weichlich, daß wir ihnen diese kleine Furcht, diese Ueberwindung noch ersparten, nicht so pedantisch, daß wir eine große Ziererei wollten, aber so fest, daß wir einen ernsten Wunsch ihnen nicht erlassen. Am Sonntag müssen wir sie nicht zur Kirche schicken, als sei das so eine Sache für sie, die hohe Herrschaft sei darüber hinaus. Wir müssen mit ihnen zur Kirche gehen, daß sie gar nicht zu der Ueberlegung kommen: ob das nur für die Jungen oder auch für die Alten sei. Das muß in ihnen aufwachsen als etwas, das keiner Erörterung bedürfe, das so sei, weil es so sei. Wenn wir noch die Eltern haben, so müssen wir an Jahrestagen zu ihnen gehen und ihnen erweisen, was recht und billig ist. Wir müssen uns die Kinder zu unsern Gesellschaftern erziehen. Man kann nicht später auf einmal befehlen: jetzt bleibt bei Hause! wenn sie an's Herumfahren gewohnt waren. Wir und die Kinder müssen beten. Wenn man ältere Leute über die veränderten Zeitverhältnisse, namentlich über das häusliche Leben der jetzigen Bevölkerung reden hört, so sagen sie: Kein Wunder! Man liest und betet nicht mehr. Ich nehme diese Klagen nicht alle für baare Münze. Alte Leute klagen über Vieles, das jetzt nicht mehr ist, wie vor alten Zeiten und deßwegen doch nicht schlechter ist. Aber viel Wahres ist doch in jenem Wort. Wir müssen auch zu Hause zu gewissen Zeiten und Stunden die idealen und geistigen Güter pflegen. Das Haus ist keine Versammlung einzelner Menschen, die dahin oder dorthin in eine Kirche laufen, das Haus ist eine kleine Gemeinde, eine kleine Kirche, der Hausvater ist Hauspriester. Nur aus solchen kleinen kräftigen christlichen Gemeinschaften erbaut sich eine rechte große christliche Gemeinde. Wenn wir einem jungen Mann zumutheten: er sollte am Abend oder am Sonntag mit seinen Kindern lesen, beten und singen, so käme ihm das fast vor wie eine Lächerlichkeit in unserer Zeit. In unserer Zeit! Was seid ihr doch, die ihr beständig dieses große Wort von unserer Zeit im Munde führt? Nullen seid ihr! Der rechte Mann pocht nicht auf seine Zeit, er weiß, daß er nichts ist, als ein unnützer Knecht, wenn er unsere Zeit zu etwas mehr machen möchte, als die frühere war, denn das zu sein ist nichts, als jeder nachfolgenden Zeit höchstschuldige Pflicht. Unsere Zeit! Es gab schon Zeiten, die schöner waren, als die unsrige. Es ist mir übrigens, diese leere verständige und nüchterne Zeit sei auf ihrem Höhepunkt. Es wehe schon ein Zug zum Bessern.

Dem Familienleben der untern Klassen sollen die höhern Stände nachhelfen dadurch, daß sie ihnen vor Allem aus mit einem guten Beispiel vorangehen. Wie das Leben, wie die That das Schwerere ist, als die bloße Theorie und das Wort, so bleibt ihnen auch der Ruhm, daß sie in der Welt am meisten ausrichten. Wir müssen ihnen vorangehen in der Beobachtung des fünften Gebotes. Aber das fühlen die armen Leute schon: Das fünfte Gebot zu halten, sei Herrenkindern leichter, als armen Kindern. Wir müssen den armen Leuten auch in der Heilighaltung des siebenten Gebotes vorangehen. „Die Ehe soll ehrlich gehalten werden bei Jedermann." Dieses Wort muß überall zu seiner Geltung kommen. Das siebente Gebot ist die Grundlage des fünften. Ohne dieses Fundament gibt es keine Kinderzucht und keinen Kindersegen. Die Ehe soll nicht, wie es häufig geschieht, geschieden werden. „Das ist ja das eigentliche Salz der Ehe, daß man, wenn man einmal Ja gesagt hat, nicht wieder Nein sagen kann." (Riehl). Wir müssen den untern Klassen vorangehen insbesondere in der Heilighaltung des Sonntags. Wenn es von oben kalt macht, gefriert es von unten. Und der Sonntag ist ein Tag des Segens für die reichen Leute, wie für die Armen.

Die Fabrikherren müssen zur Gesundheit der Arbeiter Sorge tragen. Erst, wenn sie sprechen können: Arbeiter, wenn du jetzt daheim Ordnung hast, brav lebst, so hast du von hier aus für deine Gesundheit nichts zu gefährden, erst dann hat die Fabrikindustrie ein reines Gewissen. Sie müssen sich der Arbeiter in ökonomischer und sittlicher Beziehung annehmen. Sie dürfen sich nicht als bloße Geschäftsleute halten, die ihre Sache in ihrem Interesse geschäftlich abmachen, nur Bedingungen aufstellen, unter denen man bei ihnen Arbeit und Brod finde. Sie nehmen eine große Masse Menschen von **Jugend auf** in ihren Dienst, werden gleichsam zu den Herren ihrer Gedanken und Bestrebungen, leiten ihren Instinkt; es kommen ihnen ungesucht und unwillkürlich viele Rechte über die Arbeiter. Die Kehrseite der Rechte aber sind die Pflichten. Wer mir so sein Leben gleichsam anvertraut, dem bin ich auch mit meinem Leben, mit Rath und Hülfe verpflichtet. Weiter denkt der Fabrikherr: Ich bin Angehöriger meines Volkes, Bürger meines Landes. Mir ist daran gelegen, daß der Arbeiterstand kein wogendes Proletariat werde ohne Heimath, ohne Haus, ohne Vaterland, ohne Liebe, ohne Freude an dem Vaterland. „Soll ich meines Bruders Hüter sein?" ist die Frage der vorchristlichen und unchristlichen Zeit. „Lasset uns unter einander unser selbst wahrnehmen mit Reizen zur Liebe und guten Werken." Das ist das Kennzeichen der neuen Zeit, das ist das Kennzeichen des Christenthums.

Der Arbeiterstand ist kein Proletariat. Das Proletariat besteht aus dem Auswurf **aller** Stände. Liederliche Große, verlotterte Genies, heruntergekommene Spekulanten gehören so gut zum Proletariat, als der ärmste zerlumpte Arbeiter. Aus dem Arbeiterstand steigen durch persönliche Tüchtigkeit auf, wie in dem Herrenstand durch persönliche Schlechtigkeit heruntersinken. Ueberall kommt es auf den persönlichen Werth an. „Der persönliche Werth ist heutzutage die erste Macht, wie die erste Bedingung des Erfolges im Leben und nichts macht denselben entbehrlich. Seit drei Vierteljahrhunderten haben wir vor uns das Schauspiel der Unzulänglichkeit und Hinfälligkeit aller Vorzüge des Schicksals, der Geburt, des Reichthums, der Ueberlieferung, des Ranges; wir haben zu gleicher Zeit, in allen Stufen und Laufbahnen der Gesellschaft, eine Menge

Leute sich erheben und oben ihren Platz einnehmen sehen, nur durch die Kraft ihres Geistes, ihres Charakters, ihres Wissens, ihrer Arbeit. Ein großer Geolog hat uns die Umwälzung des Erdballs vorgeführt; aus der innern Gährung gehen die Ungleichheiten seiner Oberfläche hervor, die Vulkane haben die Gebirge geboren. Die Klassen, welche die sozialen Höhen einnehmen, dürfen sich keiner Täuschung hingeben, ein ähnlicher Prozeß geht zu ihren Füßen vor; die menschliche Gesellschaft gährt bis in ihre untersten Tiefen und kreiset, um aus ihrem Schooße neue Höhen emporzutreiben. Dieses unbestimmte und dunkle Kochen, dieser glühende und allgemeine Trieb in die Höhe, das ist der wesentliche Charakter demokratischer Gesellschaften, es ist die Demokratie selbst. Was sollte Angesichts dieser Erscheinung aus den vom Schicksal schon begünstigten Klassen werden, aus den Alten, Reichen, Großen und Glücklichen jeder Art, wenn sie den Wohlthaten des Glückes nicht den Werth des Menschen zugesellten; wenn sie nicht durch Studium, Arbeit, Einsichten, Uebung des Geistes und Gemüthes sich in Verfassung setzten, um in allen Laufbahnen der unendlichen Mitbewerbung gewachsen zu sein, die ihnen begegnet und die man nur dadurch reguliren kann, daß man sie wohl zu bestehen vermag." (Guizot).

Der Arbeiterstand ist kein Proletariat. Das Proletariat besteht aus dem Auswurf aller Stände. Durch persönliche Tüchtigkeit, durch Frömmigkeit und Geist bricht man sich aus dem Arbeiterstand Bahn, wohin man will. Durch Frömmigkeit und Geist und vor Allem aus durch ein edles gehobenes Familienleben wird der Arbeiterstand durchleuchtet, kommt Ordnung, Freude, Liebe in ihn. Das Familienleben kann durch keinen künstlichen Verein, durch keinen Lesezirkel, durch keinen Klub, durch keine Aktiengesellschaft, durch keinen Gebetsverein ersetzt werden. Im Familienleben bleiben wir am besten vor so mancher Verirrung bewahrt; im Familienleben werden wir erzogen und nach allen Seiten gebildet; im Familienleben werden wir Vaterlandsmänner; im Familienleben blüht uns und bleibt uns das reinste Glück, ist uns das Alter und selbst das Bitterste, das Sterben, am leichtesten gemacht. Von einer Krankenkasse unterstützt werden, in einer Versorgungsanstalt seine Tage zubringen, ist nicht das Gleiche, wie wenn wir von lieben Kindern gepflegt und gehegt werden, wie wenn eine liebe Seele bei uns steht, wenn wir den letzten Hauch ausstoßen.